Guía de un joven para descubrir su Biblia

Libros de Jim George publicados por Portavoz

Extraordinarias oraciones de la Biblia
Guía bíblica esencial
Guía de biografías bíblicas
Guía de un joven para descubrir su Biblia
Guía de un joven para las buenas decisiones
La influencia de un hombre de Dios
Las 50 enseñanzas más importantes de la Biblia
Un esposo conforme al corazón de Dios
Un hombre conforme al corazón de Dios
Un joven conforme al corazón de Dios
Un líder conforme al corazón de Dios
Un papá conforme al corazón de Dios

Guía de un joven para descubrir su Biblia

JIM GEORGE

Editorial
PORTAVOZ

La misión de *Editorial Portavoz* consiste en proporcionar productos de calidad —con integridad y excelencia—, desde una perspectiva bíblica y confiable, que animen a las personas a conocer y servir a Jesucristo.

Título del original: *A Young Man's Guide to Discovering His Bible*, © 2014 por Jim George y publicado por Harvest House Publishers, Eugene, Oregon 97402. Traducido con permiso.

Edición en castellano: *Guía de un joven para descubrir su Biblia*, © 2016 por Editorial Portavoz, filial de Kregel, Inc., Grand Rapids, Michigan 49505. Todos los derechos reservados.

Traducción: José Luis Martínez

Ninguna parte de esta publicación podrá ser reproducida, almacenada en un sistema de recuperación de datos, o transmitida en cualquier forma o por cualquier medio, sea electrónico, mecánico, fotocopia, grabación o cualquier otro, sin el permiso escrito previo de los editores, con la excepción de citas breves o reseñas.

Todo el texto bíblico sin otra indicación ha sido tomado de la *Santa Biblia*, Nueva Traducción Viviente, © Tyndale House Foundation, 2010. Usado con permiso de Tyndale House Publishers, Inc., 351 Executive Dr., Carol Stream, IL 60188, Estados Unidos de América. Todos los derechos reservados.

El texto bíblico indicado con "NVI" ha sido tomado de *La Santa Biblia, Nueva Versión Internacional*®, copyright © 1999 por Biblica, Inc.® Todos los derechos reservados.

El texto bíblico indicado con "RVR-60" ha sido tomado de la versión Reina-Valera © 1960 Sociedades Bíblicas en América Latina; © renovado 1988 Sociedades Bíblicas Unidas. Utilizado con permiso. Reina-Valera 1960™ es una marca registrada de American Bible Society, y puede ser usada solamente bajo licencia.

El texto bíblico indicado con "PDT" ha sido tomado de la versión Palabra de Dios para Todos © 2005, 2008, 2012 Centro Mundial de Traducción de La Biblia © 2005, 2008, 2012 World Bible Translation Center.

Las cursivas añadidas en el texto bíblico son énfasis del autor.

EDITORIAL PORTAVOZ
2450 Oak Industrial Drive NE
Grand Rapids, Michigan 49505 USA
Visítenos en: www.portavoz.com

ISBN 978-0-8254-5654-1 (rústica)
ISBN 978-0-8254-6462-1 (Kindle)
ISBN 978-0-8254-8617-3 (epub)

1 2 3 4 5 edición / año 25 24 23 22 21 20 19 18 17 16

Impreso en los Estados Unidos de América
Printed in the United States of America

A los hombres jóvenes tan especiales en mi familia,
Jacob Seitz
Matthew Zaengle
Isaac Seitz
Ryan Zaengle
y a todos los hombres jóvenes que quieren saber más de Dios.

Contenido

1. Descubre los secretos del universo .9
2. ¿Tienes el código?. 21
3. Utiliza tu arma secreta 32
4. Un Dios, un libro, un mensaje. 45
5. Un libro de gran valor 59
6. ¿Qué ves? 71
7. ¿Estás viéndolo todo? 88
8. ¿Qué significa? 101
9. Indaga más a fondo 113
10. ¿Qué tiene esto que ver contigo? 129
11. La alegría de descubrir tu Biblia: Parte 1. 142
12. La alegría de descubrir tu Biblia: Parte 2. 153
    Sección de apéndices 165
    Apéndice 1: Una guía rápida para el estudio bíblico 169
    Apéndice 2: Herramientas útiles para el estudio de
    la Biblia 175
    Apéndice 3: Plan para leer la Biblia en un año 181
    Calendario para tus momentos de quietud. 188

1

Descubre los secretos del universo

*En el principio, Dios creó
los cielos y la tierra.*
Génesis 1:1

Martín es un joven promedio de 15 años de edad. Le encantan el deporte y los videojuegos, y no es para nada aficionado a la escuela. La verdad es que se esfuerza lo mínimo necesario. Sus profesores están satisfechos con sus esfuerzos mediocres porque, después de todo, no les causa ningún problema. Pero eso estaba a punto de cambiar, porque Martín pronto recibiría un reto que cambiaría su mundo para siempre.

Daniel, el pastor de jóvenes en la iglesia de Martín, le había pedido que pasara a verlo a su oficina para conversar. Martín no tenía ni idea de lo que Daniel quería hablar. No podía recordar nada que él hubiera hecho mal. Él solía relacionarse con el grupo de jóvenes de la misma manera que lo hacía en la escuela. Su objetivo era pasar desapercibido. No hacer nada que llamara la atención ni diera qué hablar; solo estar allí y mantenerse en segundo plano.

—Martín, he estado pensando en ti desde que acepté esta posición como líder de jóvenes —comenzó diciendo Daniel tan pronto como Martín entró en la oficina.

El corazón de Martín desfalleció. Eso no se lo esperaba. Le habían quitado su camuflaje de adolescente promedio indiferente.

—Martín —continuó Daniel—, me gustaría invitarte a un viaje para descubrir los secretos del universo. ¿Te interesaría?

Martín había pasado sus años de adolescencia tratando de no preocuparse por nada. Bueno, excepto por sí mismo y sus intereses y aficiones especiales. Pero aquel reto era tentador. Siempre le había gustado leer libros de acción y aventura sobre expediciones y búsquedas de artefactos misteriosos y códigos secretos. Así que, sin pensarlo mucho, Martín espetó:

—Claro que sí, ¿qué tengo que hacer?

En última instancia, lo que en realidad Daniel le estaba preguntando a Martín era: "¿Quieres descubrir las respuestas a los secretos del universo? Es decir, ¿te gustaría entender la Biblia?".

El reto

Supongamos que un amigo o incluso un desconocido se acercara a ti y te entregara una nota que dijera: "La extensión de algo es directamente proporcional a la suma de la nada, dividida por sus partes separadas". Si eres como yo, te quedarías mirando la nota sin saber qué decir, ya que, si hay un mensaje dentro de esas palabras, su significado no es para nada obvio.

¿O qué si recibes una nota que dice: "Alabby labbakayon Justinabokin"? De nuevo, esas son solo letras puestas juntas al azar en una hoja de papel sin un mensaje comprensible.

Lamentablemente, muchos adolescentes consideran la Biblia como tú considerarías esas dos notas. El pensamiento popular es este: "La Biblia es supuestamente un mensaje de Dios escrito con palabras que tú reconoces, pero su significado es generalmente confuso y está más allá de tu comprensión".

Así que, como la mayoría de los jóvenes de tu edad, quizá creas que necesitas un experto que te explique el mensaje de Dios. Alguien como un pastor de jóvenes o tal vez un estudioso de la Biblia. O quizá piensas que necesitas ir a un instituto bíblico un par de años antes de que de verdad puedas entender la Biblia.

Si ves la Biblia en su mayor parte como algo imposible de

conocer, puede que no tengas mucho deseo de leerla. Después de todo, parece que es una colección de historias y dichos misteriosos difíciles de entender.

Pero, ¿es realmente así? ¿Por qué nos daría Dios un libro acerca de sí mismo que tú y otros no pueden entender? La respuesta es que no fue así. Dios quiso que los hombres y las mujeres de todas las edades (incluso un adolescente como tú) pudieran entender la Biblia. Es necesario (no, es *esencial*) que no esperes hasta ser un adulto para comenzar a comprender la Biblia. Tampoco es necesario que esperes que un experto te explique la Biblia.

Dios quiere que tú conozcas su Palabra... ahora. Quiere que entiendas lo que te está diciendo en este momento, para que puedas tomar las mejores decisiones ahora mismo. Cuanto antes, mejor. Así que la cuestión no es si *puedes* entender la Biblia, sino si *quieres* entenderla.

Depende completamente de ti; es tu decisión. Si estás dispuesto, puedes unirte a Martín en aceptar el reto de Daniel para emprender un viaje de descubrimiento de los secretos del universo.

Tu misión, amigo mío, es entender la Biblia.

Puede que te estés preguntando: "¿Y por qué voy yo a querer hacer eso? ¿Qué tiene la Biblia que sea tan especial?".

¿Por qué es la Biblia tan especial?

La Biblia es la posesión más valiosa de la raza humana. Debido a que la meta de este libro es ayudarte a descubrir y entender la Palabra de Dios, ve a buscar tu Biblia ahora y escribe los versículos que figuran a continuación al responder a la pregunta "¿Por qué es la Biblia tan especial?".

1. La Biblia es la revelación más completa de Dios al hombre: Efesios 1:17.

   _____

   _____

   _____

   _____

Puntos extra: escribe la definición de la palabra *revelación* según un diccionario.

2. La Biblia es confiable: Salmo 119:138.

3. La Biblia es veraz: Juan 17:17.

4. La Biblia es eterna y, por tanto, indestructible: Salmo 119:89.

5. El mensaje de la Biblia trae salvación: 2 Timoteo 3:15.

6. El mensaje de la Biblia proporciona madurez espiritual: Hechos 20:32.

7. El mensaje de la Biblia está vivo: Hebreos 4:12.

8. El mensaje de la Biblia tiene aplicación para todas las personas de cada raza y edad, hombres o mujeres: Isaías 51:8.

9. El mensaje de la Biblia tiene un gran tema: Cristo: Hebreos 13:8.

Cómo abordar la Biblia

¿Todavía no estás convencido de que la Biblia es importante? Esperemos que estés comenzando a ver que la Biblia es, al menos, algo único y especial. A primera vista, la Biblia parece como cualquier otro libro. Está escrita en palabras negras sobre papel blanco, al igual que otros libros. Sin embargo, la Biblia afirma ser una inspiración de Dios mismo. Dios comunicó su mensaje por medio de más de 40 autores diferentes a lo largo de cientos de años para transmitir un mensaje específico para toda la humanidad.

Y a pesar de que fue escrita hace 2000 años y se han realizado numerosos intentos para destruirla, la Biblia ha sobrevivido y es el libro más popular que jamás ha sido impreso. Muchos hombres y mujeres en todo el mundo han dado su vida y fortuna para poseer incluso una pequeña porción de la Biblia.

Estos hechos deberían hacerte parar y pensar. Después de todo, si la Biblia es realmente un mensaje de parte de Dios, ¿no crees que valdría la pena dedicar tiempo a descubrir lo que dice? Nunca sabrás lo importante que es la Biblia hasta que la abras y comiences a leerla por ti mismo.

Acepta el reto, junto con Martín. Si de verdad la Biblia tiene las respuestas a las preguntas sobre el universo, incluso a las preguntas sobre el pasado, presente y futuro, ¿por qué no comenzar a leerla y avanzar tanto como te sea posible? Luego de hacerlo, si sigues pensando que la Biblia tiene las respuestas a esas preguntas, sería bueno que, a medida que la lees, dediques algo de tiempo a estudiarla para comprenderla mejor. Esos dos ejercicios, la lectura y el estudio, serán los esfuerzos más provechosos que puedas hacer cada día por el resto de tu vida, a partir de hoy y de esta semana.

Aquí tienes algunas sugerencias sobre cómo puedes llegar a conocer y usar la Biblia mejor. Una vez más, escribe lo que dice la Biblia acerca de sí misma.

1. Reconoce la naturaleza sobrenatural de la Biblia: 2 Timoteo 3:16.

2. Date cuenta de la utilidad de la Biblia: 2 Pedro 1:3.

3. Acércate a la Biblia con una mente abierta a la verdad: 2 Timoteo 2:15.

4. Responde al mensaje de la Biblia: Juan 3:16.

5. Toma la decisión de vivir las verdades de la Biblia: 1 Samuel 12:24.

6. Disfruta de las bendiciones de conocer y obedecer la Palabra de Dios: Salmo 1:1-3.

Más allá de la gramática y la lengua

Si le preguntaras a la mayoría de los jóvenes adolescentes qué dos materias detestaban más en la escuela, un buen número de ellos probablemente diría: "¡Gramática y literatura!". Tal vez por eso mucha gente no puede o no quiere leer la Biblia, porque la Biblia tiene una estructura gramatical y es un texto literario. De hecho, la Biblia se compone de varios tipos diferentes de literatura. Contiene poesías, profecías, enseñanzas, alegorías y narraciones (o, como tu profesor de lengua lo llamaría, prosa).

Gran parte del Antiguo Testamento, los Evangelios (los libros que cuentan la historia de Jesús) y el libro de Hechos están compuestos por narraciones, es decir, historias. En este caso, se trata de la historia de Dios, que es completamente cierta y de crucial importancia. Los relatos bíblicos hablan de cosas que sucedieron, pero no solo de cosas ordinarias. Su propósito es mostrar a Dios obrando en su creación y entre su pueblo. Las narraciones honran a Dios y te ayudan a ti a entenderlo y apreciarlo. Te muestran el cuidado y la protección de Dios, además de incluir ilustraciones de otras muchas lecciones importantes para tu vida.

Génesis, el primer libro de la Biblia, es una narración, una historia. Lee el texto de Génesis 1:1-5, que está a continuación, y luego contesta las preguntas que siguen.

> [1] En el principio, Dios creó los cielos y la tierra.
>
> [2] La tierra no tenía forma y estaba vacía, y la oscuridad cubría las aguas profundas; y el Espíritu de Dios se movía en el aire sobre la superficie de las aguas.
>
> [3] Entonces Dios dijo: «Que haya luz»; y hubo luz.
>
> [4] Y Dios vio que la luz era buena. Luego separó la luz de la oscuridad.
>
> [5] Dios llamó a la luz «día» y a la oscuridad «noche». Y pasó la tarde y llegó la mañana, así se cumplió el primer día.

¿De qué trata esta narración?

_____

_____

_____

¿Qué nos dice este relato acerca de Dios?

_____

_____

_____

¿Qué respuestas dan estos versículos acerca del origen del universo, acerca de la creación del mundo y de todas las cosas?

_____

_____

Todos los relatos tienen una historia o trama y personajes, ya sean divinos, humanos, animales, vegetales, etc. Sin embargo, las narraciones del Antiguo Testamento tienen tramas que son parte de un plan más grande y especial. También tienen un reparto especial de personajes, entre los cuales Dios mismo es el más especial. Sigamos con lo que acabamos de leer en Génesis 1:1-5 y lee ahora Génesis 3:1-7 como ejemplo.

> ¹ La serpiente era el más astuto de todos los animales salvajes que el Señor Dios había hecho. Cierto día le preguntó a la mujer:
> —¿De veras Dios les dijo que no deben comer del fruto de ninguno de los árboles del huerto?
>
> ² —Claro que podemos comer del fruto de los árboles del huerto —contestó la mujer—.
>
> ³ Es solo del fruto del árbol que está en medio del huerto del que no se nos permite comer. Dios dijo: "No deben comerlo, ni siquiera tocarlo; si lo hacen, morirán".
>
> ⁴ —¡No morirán! —respondió la serpiente a la mujer—.
>
> ⁵ Dios sabe que, en cuanto coman del fruto, se les abrirán los ojos y serán como Dios, con el conocimiento del bien y del mal.
>
> ⁶ La mujer quedó convencida. Vio que el árbol era hermoso y su fruto parecía delicioso, y quiso la sabiduría que le daría. Así que tomó del fruto y lo comió. Después le dio un poco a su esposo que estaba con ella, y él también comió.
>
> ⁷ En ese momento, se les abrieron los ojos, y de pronto sintieron vergüenza por su desnudez. Entonces cosieron hojas de higuera para cubrirse.

¿Quiénes son los personajes en este relato?

_____
_____
_____

¿Cuál es la trama en este relato?

_____
_____
_____

¿Cuál fue el resultado de las acciones del hombre y de la mujer?

_____
_____
_____

Con base en estos versículos, ¿cómo responderías si alguien te preguntara: "¿De dónde vino el pecado?"?

_____
_____
_____

Tu meta

Tu meta al leer y estudiar la Biblia es primero averiguar lo que significaba la Biblia para la gente que la leyó cuando fue escrita.

Luego pregúntate: *¿Tendría Dios dos mensajes diferentes: uno para los lectores originales y otro para los de hoy?* La respuesta es "no" y esa es una de las razones principales para el estudio bíblico: averiguar cuál fue el mensaje de la Biblia para los lectores originales y, luego, tomar ese mismo mensaje y aplicarlo a la vida actual.

UN MENSAJE PARA TI

No es posible vivir sin que nos afecte nuestro entorno. Las personas y el contexto que te rodean siempre te influencian e impactan. Obviamente, tus padres harán la mayor contribución a tu desarrollo y ese es su deber. A medida que pasen los años, habrá otras personas que también tomarán ese rol. Tal vez un entrenador, un pastor, un maestro de escuela dominical, un buen amigo, incluso un hermano mayor.

Y habrá otras personas que ejercerán sobre ti una influencia que no será tan buena. Si no eres cuidadoso y sabio, te pueden llevar por el mal camino. ¿Cómo te darás cuenta de si lo que recibes de parte de otros o de tu entorno es bueno para ti?

Dios ya ha pensado en eso de antemano y te ha dado una forma de evaluar tus experiencias de vida antes de que ocurran, antes de que te veas tentado. Él te ha proporcionado una guía, que es la Biblia. Sí, la Biblia abre los secretos del universo, pero también está destinada a ser la influencia más grande y duradera en tu vida cotidiana. En primer lugar, necesitas descubrir las directrices de Dios en la Biblia, es decir, su sabiduría en cómo hacer o no hacer las cosas. La Palabra de Dios puede hacerte sabio para la salvación y puede servirte como una luz que guiará tus pasos por el camino de la vida.

Así, pues, ¿qué piensas? ¿Estás listo para aceptar el reto junto con Martín y comenzar la búsqueda para descubrir los secretos del universo? Si lo estás, pasa al siguiente capítulo y mira a dónde te lleva.

LO QUE OTROS HAN DICHO SOBRE LA BIBLIA

Creo que la Biblia es el mejor regalo que Dios ha dado al hombre. Todo lo bueno del Salvador del mundo se nos comunica por medio de este libro.[1]

ABRAHAM LINCOLN
Decimosexto presidente de los Estados Unidos

---

1. H. H. Halley, *Halley's Bible Handbook* (Grand Rapids, MI: Zondervan, 1965), p. 18. Publicado en español por Editorial Vida con el título *Compendio manual bíblico*.

2

¿Tienes el código?

El que no tiene el Espíritu no acepta lo que procede del Espíritu de Dios, pues para él es locura. No puede entenderlo, porque hay que discernirlo espiritualmente.
1 Corintios 2:14

Martín salió de la oficina del pastor Daniel sin saber qué pensar. Había pasado la mayor parte de sus años de adolescencia tratando de evitar ser notado. Sin embargo, para su sorpresa, el nuevo pastor de jóvenes no solo se había fijado en él, sino que le había lanzado un reto que lo intrigaba, pero que también le daba temor. El pastor Daniel quería que Martín aprendiera cómo estudiar la Biblia.

En su corazón, Martín no estaba seguro de querer saber lo que la Biblia tenía que decir. Sabía que había algo que faltaba en su vida, pero no sabía a ciencia cierta qué era. También sabía por los estudios bíblicos de Daniel en el grupo de jóvenes que Dios se interesaba en la conducta de las personas. Martín no era una mala persona, pero tampoco era un ángel perfecto; podías preguntárselo a sus padres. Ellos habrían podido recordar fácilmente algunas de las cosas que había hecho mal en el pasado.

Así que Martín estaba atrapado en un dilema. Él quería pasar tiempo con Daniel porque era un tipo sincero y divertido. Pero, al mismo tiempo, no estaba tan seguro de querer saber lo que la Biblia podría tener que decir acerca de él y de sus acciones.

Pero cada vez que Martín leía la Biblia o escuchaba a alguien enseñar de la Biblia, se quedaba desconcertado. Estaba bastante seguro de que no le faltaba inteligencia. ¿Cómo lo sabía? Porque si realmente quería, podía sacar calificaciones sobresalientes en la escuela sin dificultades. Pero cuando se trataba de entender la Biblia y las cosas espirituales, era como si necesitara un código de algún tipo que le ayudara a entender lo que estaban diciendo.

Todos los días de esa semana hasta la siguiente reunión con Daniel, Martín lidió con esas preguntas una y otra vez.

El hombre natural

Pues resultó que la preocupación de Martín estaba bien fundada. Durante su siguiente reunión con Daniel, el pastor de jóvenes comenzó hablando de la naturaleza espiritual de la Biblia. Luego, pasó a explicar que la razón por la que muchas personas no pueden entender la Biblia es porque no son cristianos. Martín de inmediato le dijo que él era cristiano, pues había levantado la mano en un campamento juvenil cristiano después de un mensaje y le dijeron que él ahora era cristiano. "Sí", aseguró débilmente a Daniel: "Yo soy cristiano". Pero lo dijo sin mucha convicción.

Daniel tampoco parecía estar totalmente convencido, así que invitó a Martín a que abriera su Biblia y leyera 1 Corintios 2:14-16 (NVI):

> [14]El que no tiene el Espíritu no acepta lo que procede del Espíritu de Dios, pues para él es locura. No puede entenderlo, porque hay que discernirlo espiritualmente.
>
> [15]En cambio, el que es espiritual lo juzga todo, aunque él mismo no está sujeto al juicio de nadie, porque
>
> [16]«¿quién ha conocido la mente del Señor para que pueda instruirlo?»
> Nosotros, por nuestra parte, tenemos la mente de Cristo.

Por supuesto, Martín no entendía lo que acababa de leer. Así que Daniel le explicó: "Dios enseña a su pueblo el mensaje de la Biblia por medio del ministerio del Espíritu Santo".

Daniel continuó: "El pasaje que acabas de leer habla de una 'persona que no tiene el Espíritu' o 'del hombre natural'.[2] Esta persona", siguió diciendo Daniel, "carece de la vida y la sabiduría sobrenaturales que son necesarias para entender un libro espiritual como la Biblia".

"Así que, Martín, solo para asegurarnos de que sabes lo que significa ser cristiano, te voy a dar un poco de tarea. Tu misión es entender algo que se llama 'el camino de Romanos', porque todos los versículos son del libro de Romanos".

Martín hizo una mueca ante la mención de la tarea, pero tenía curiosidad sobre el camino de Romanos.

El camino de Romanos

Utiliza los espacios que vienen a continuación para copiar los siguientes versículos de la Biblia. Viaja junto con Martín a medida que el autor de estos versículos, el apóstol Pablo, te guía hacia una comprensión de lo que significa tener una relación con Dios a través de su Hijo, Jesucristo.

La realidad del pecado

Romanos 3:23:_____

_____

_____

_____

¿Qué dice Romanos 3:23? Que todos nacemos con pecado. Puede que no quieras admitirlo, pero tienes pecado en tu corazón. Si no has recibido a Cristo como tu Salvador, estás bajo la influencia y el control del pecado. Tal vez hagas un par de buenas acciones de vez en cuando, pero a menos que seas perfecto, sigues siendo pecador. Un pecador es alguien que ha quebrantado alguno de los mandamientos de Dios. ¿Has dicho alguna vez incluso una

---

2. NVI, RVR-1960.

pequeña mentira "piadosa"? Todo el mundo lo ha hecho y eso te clasifica como pecador.

Tu respuesta: admite que eres pecador.

La paga del pecado

Romanos 6:23a: _La Paga del Pecado es muerte - mas la dadiba DE Dios es viDA ETERNA EN CRisTO Jesus Señor Nuestro_

¿Qué significa ese pasaje? Significa que el pecado es un callejón sin salida y la paga del pecado es la muerte. Todos nos enfrentamos a la muerte física, pero aún peor es la muerte espiritual, una muerte que te separa de Dios y dura por toda la eternidad.

Tu respuesta: comprende que mereces la muerte por tu pecado.

El amor de Dios

Romanos 5:8: _Mas Dios Muestra Su Amor Para con nosotros que Aun siendo pecadores Cristo murio por Nosotros_

¿Qué dice Romanos 5:8? Cuando Jesucristo, que era Dios encarnado, murió en la cruz, pagó el castigo por nuestros pecados. Cargó con todos los pecados del mundo sobre sí mismo en la cruz, y así logró librarnos de la esclavitud del pecado y de la muerte. El único requisito para esa libertad (y perdón) es que creas en Jesús y en lo que ha hecho por ti.

Tu respuesta: entrega tu vida a Dios. Él derramó su amor por ti por medio de Jesús en la cruz. Jesucristo es tu única esperanza de perdón y transformación. Su amor abrió el camino para que tú ya no seas un esclavo del pecado. Su amor es lo que te salva, no la religión ni ser miembro de una iglesia o hacer buenas obras. ¡Dios te ama!

El don gratuito de Dios

Romanos 6:23b: _____

_____

_____

_____

¿Qué dice ese pasaje? El amor de Dios provee la salvación como un regalo gratuito para ti. No puedes ganarlo por ti mismo. Debes desearlo, acercarte a Dios, y Él te lo dará.

Tu respuesta: pídele a Dios que te perdone y te salve.

Los resultados de la salvación

Romanos 10:9-10: _____

_____

_____

_____

¿Qué dice Romanos 10:9-10? Que tu salvación producirá dos resultados: (1) Creerás en tu corazón que Jesucristo es el Señor y (2) lo expresarás a los demás mediante tu testimonio personal, lo que confirma tu fe en Cristo.

Tu respuesta: háblales a otros acerca de Jesús.

¿Has recibido a Jesucristo en tu corazón? ¿Has puesto tu confianza en Él como tu Salvador? Si no es así, o si no estás seguro, una oración como esta puede ayudarte a dar el paso más importante de toda tu vida. Cuando das ese paso, recibes la salvación, el perdón de los pecados, la vida eterna y la capacidad de entender la Biblia.

> Señor Jesús, yo sé que soy pecador, y quiero apartarme de mis pecados y seguirte. Yo creo que tú moriste en la cruz por mis pecados y resucitaste, que has conquistado el poder del pecado y de la muerte. Quiero aceptarte como

mi Señor y Salvador personal. Entra en mi vida, Señor Jesús, y ayúdame a entender tu Palabra, la Biblia, a fin de poder seguirte. Amén.

Decir estas palabras no te va a hacer cristiano; pero creerlas con todo tu corazón sí lo hará y te dará la salvación en Cristo. Así que si realmente crees lo que has leído arriba y lo has orado sinceramente, ya no eres un "hombre natural". Ahora eres cristiano, una persona capaz de ver y entender las verdades espirituales.

Y aquí tienes una noticia muy importante: Jesús te ha dado todos los recursos espirituales que necesitas para comprender la Biblia, ya que ahora posees "la mente del Señor" (1 Corintios 2:16, NVI).

El deseo de crecer

¿Has pensado alguna vez en lo que sería la vida si no pudieras crecer físicamente? Quizá ya hayas dado un par de estirones y ya casi midas 1,80 m de altura. En ese caso, dejar de crecer no sería algo tan terrible. ¿Pero qué pasaría si nunca hubieras dado ningún estirón? ¿Qué pasaría si terminaras quedándote con la talla de un niño pequeño? ¿Verdad que no querrías que eso suceda? Eso sería devastador.

Lo que es igualmente trágico es un joven que es cristiano que no está creciendo espiritualmente o cuyo crecimiento espiritual se ha atrofiado. Si tú eres hijo de Dios, el Señor espera que crezcas espiritual y físicamente. En la Biblia, el crecimiento es como una consecuencia natural de la vida en Cristo. Escribe lo que Dios quiere para ti, su joven soldado cristiano:

2 Pedro 3:18: _____

_____

_____

_____

El escritor del libro de Hebreos también da por supuesto que, con el paso del tiempo, sus lectores van a crecer hasta el punto en que podrán enseñar a otros los fundamentos de la Palabra de Dios.

Echa un vistazo a este versículo en tu Biblia y escribe la reprensión de Dios a sus lectores porque no crecieron.

Hebreos 5:12: _____

_____

_____

_____

Chatarra espiritual

¿Sabes qué es el pecado, verdad? Es todo lo que desagrada a un Dios santo. Lee el siguiente versículo y subraya el tipo de acciones que Dios no aprueba:

> Por lo tanto, deshágense de toda mala conducta. Acaben con todo engaño, hipocresía, celos y toda clase de comentarios hirientes (1 Pedro 2:1).

¿Qué acciones quiere Dios ver en ti?

_____

_____

_____

Aquí tienes definiciones breves de cada una de esas acciones pecaminosas:

Mala conducta hace referencia a causar daño o sufrimiento a otra persona.
Engaño significa ocultar o alterar la verdad.
Celos es querer lo que otra persona tiene.
Comentarios hirientes se refiere a hacer declaraciones falsas o malas acerca de otra persona.

Esa es una lista bastante fea, ¿no es cierto? Creo que podemos comparar esas acciones con comer comida chatarra y su efecto sobre tu apetito. Como adolescente en crecimiento, ¿qué buscas constantemente en la nevera? Bastante obvio, ¿no? Siempre buscas comida. Comida de verdad, de la clase que estimulará tu crecimiento.

¿Pero qué sucede cuando tomas comida chatarra justo antes del almuerzo o cena? Ya no tienes apetito para comer la comida de verdad, para lo que te hace bien.

Lo mismo sucede en tu vida espiritual. Cometer pecados como los mencionados en 1 Pedro 2:1 (la comida basura) embota tu deseo por las cosas que son espiritualmente saludables, es decir, aquellas que la Biblia y Dios quieren para ti. Pero si haces lo que Dios pide y desechas esos pecados, ¿qué sucederá de acuerdo a 1 Pedro 2:2?

> Como bebés recién nacidos, deseen con ganas la leche espiritual pura para que crezcan a una experiencia plena de la salvación.

Lee de nuevo 1 Pedro 2:1. Si quieres desear la "leche espiritual" o la comida espiritual y beneficiarte de ella, ¿qué debes hacer primero?

Dios está buscando algunos hombres especiales

La Infantería de Marina de EE. UU. es una unidad de élite compuesta de hombres que han ofrecido su servicio voluntario para muchas responsabilidades difíciles. El deseo de ser un infante de marina lleva a muchos jóvenes, no mucho mayores que tú, a formar parte de este grupo selecto. Son especiales y han sido convocados muchas veces para llevar a cabo misiones que están más allá de las capacidades de otras unidades militares.

Dios también está buscando hombres jóvenes que quieran ser especiales. Está en su puesto de observación atento a los que desean ser parte de su equipo de élite y estén dispuestos a hacer lo necesario para ser seleccionados. Pienso que tú también quieres ser esa clase de hombre, el hombre que Dios quiere que seas. Creo que quieres ser uno de esos "pocos hombres especiales" de Dios. ¿Cómo puedes ser este tipo de hombre? Asegurándote de crecer y fortalecerte espiritualmente. Lo quieres, lo deseas y lo haces. Esto significa que necesitas tomar algunas decisiones.

1. *Debes escoger leer tu Biblia.* ¿Por qué? Debido a que ese es el lugar donde tú te encuentras con Dios. Él te habla por medio de su Palabra. Ahora bien, Dios no va a obligarte a pasar tiempo con Él. No, esa es tu decisión. Así que tienes una elección seria para hacer.

Quizá estás pensando, *¿cómo puedo pasar tiempo con Dios?* ¡Yo soy un joven muy ocupado! Bueno, piensa en esto: ¿Cuánto tiempo dedicas a los juegos de video, la televisión o a tus amigos? ¿Por qué no tomar parte de este tiempo y decidir pasarlo con Dios?

2. *Debes escoger hablar con Dios.* Cualquier relación significativa requiere que ambas partes se comuniquen entre sí. Dios nos habla por medio de su Palabra, la Biblia, y tú hablas con Él por medio de tus oraciones. Orar no es tan difícil como algunas personas piensan. No es nada más que sencillamente hablar con Dios. Tú hablas con tus amigos, ¿no es así? Pues bien, Dios quiere ser tu amigo y quiere ayudarte a tomar las decisiones correctas en la vida. ¿Por qué no comienzas a hablar con Él? ¿Por qué no empezar a pedirle su consejo y ayuda? Recuerda este concepto, porque aprenderemos más sobre la oración en el capítulo siguiente.

3. *Debes escoger confesar tu pecado.* Jesús murió para pagar el castigo por el pecado. Pero tus pecados diarios dificultan tu relación

con un Dios santo. Piensa en ti mismo como una tubería por la que fluye el Espíritu Santo. Pero tus pecados obstruyen esa tubería y el Espíritu Santo no puede fluir a través de ti y apoyarte y ayudarte.

Confesar un pecado es admitir que hicimos algo malo. Tu confesión entonces restaura tu relación con Dios, y permite que el Espíritu Santo una vez más fluya libremente a través de ti para ayudarte a vivir para Jesucristo. Escribe 1 Juan 1:9 y observa los resultados de la confesión:

_____

_____

_____

_____

4. *Debes escoger hacer algunos sacrificios.* Cualquier auténtico gran esfuerzo exige sacrificio. Nada significativo sucede sin esfuerzo. La vida cristiana demanda sacrificio y compromiso voluntario. En un sentido, no es diferente de unirse a la Infantería de Marina. Cuando te unes, se espera que hagas algunos serios sacrificios, ¡muchos en realidad! Dios te pide que te comprometas con Él de la misma manera.

Entonces, ¿qué actividades estarías dispuesto a reducir o aplazar a fin de ganar algo más grande, que es crecer en tu vida espiritual? ¿Estarías dispuesto a…

…reducir un poco el tiempo que dedicas a ver televisión,
…reducir un poco el tiempo que pasas con los videojuegos,
…reducir un poco el tiempo que pasas con tus amigos,
…reducir un poco el tiempo que dedicas a los deportes?

Jesús dijo: "Si alguno de ustedes quiere ser mi seguidor, tiene que abandonar su manera egoísta de vivir, tomar su cruz y seguirme" (Mateo 16:24). ¿Estás dispuesto a asumir un mayor nivel de compromiso? ¿A hacer algunos sacrificios con el fin de seguir a Jesús? Si es así, eres exactamente la clase de persona que Dios está buscando.

UN MENSAJE PARA TI

¿Cómo te fue en el camino de Romanos? Si ya eres cristiano, espero que te haya servido como un buen repaso.

Pero si el camino de Romanos fue una nueva revelación para ti y te diste cuenta de que no eras cristiano, espero que hayas aceptado la oferta de Dios de vida eterna en Jesucristo. Si tomaste esa decisión, díselo a alguien, tal vez a tus padres, al líder de jóvenes de tu iglesia o la persona que te dio este libro.

Para Martín, las verdades en el camino de Romanos fueron como una llamada de atención y oró para recibir la salvación por medio de Jesucristo. Entonces llamó de inmediato a Daniel, su pastor de jóvenes, y le dio la buena noticia.

Martín estaba emocionado porque finalmente había descubierto lo que le faltaba en su vida: la relación con Jesucristo. Ahora tenía la esperanza de entender la Palabra de Dios por medio de sus nuevos ojos, "los ojos espirituales". ¡Ahora poseía el "código" para entender la Biblia y los secretos del universo!

LO QUE OTROS HAN DICHO SOBRE LA BIBLIA

En todas mis perplejidades y angustias;
la Biblia siempre me ha dado luz y fortaleza.

ROBERT E. LEE
Comandante general del Sur durante la Guerra Civil de EE. UU.

3

Utiliza tu arma secreta

No se preocupen por nada; en cambio,
oren por todo. Díganle a Dios lo que necesitan
y denle gracias por todo lo que él ha hecho.
Filipenses 4:6

La llamada de Martín le dio mucha alegría al pastor Daniel. Se sintió muy contento cuando Martín le comunicó la noticia de que se había convertido en un cristiano, un creyente en Jesucristo. Daniel oró por Martín en el teléfono y le pidió a Dios que continuara confirmando su presencia en su vida. Luego, ambos colgaron y se despidieron hasta su siguiente reunión.

La vida cristiana es una carrera emocionante y retadora, y muchas veces es difícil encontrar a alguien que pueda ayudar a un nuevo cristiano a dar sus primeros pasos. Pero Daniel se encontraba exactamente en esa posición. Martín estaba de pie en la línea de salida de su nueva vida en Cristo. Así como Martín estaba listo y preparado para empezar una carrera que duraría toda la vida, su pastor también lo estaba para ayudarlo a comenzar con el pie derecho.

"Qué bueno", señaló Daniel cuando Martín entró en su oficina, "puedo ver que estás listo para continuar con tu búsqueda. ¿Estás dispuesto a aprender acerca de un arma secreta que necesitas en el camino?

Sí, Martín estaba listo y con muchas ganas de proseguir. Era como si una niebla se hubiera despejado de su mente y ahora comenzaba a ver y entender la Biblia con más claridad. Para su sorpresa, incluso las cosas que su pastor predicaba los domingos por la mañana ahora tenían sentido. Con gran expectativa, se sentó en la silla junto a la mesa de Daniel con una mirada expectante, sintiéndose como un pajarito que espera ser alimentado.

Correr la carrera

Daniel entonces pidió a Martín que abriera su Biblia en uno de sus pasajes favoritos, 1 Corintios 9:24-27, y comenzó a leer en voz alta:

> [24] ¿No se dan cuenta de que en una carrera todos corren, pero solo una persona se lleva el premio? ¡Así que corran para ganar!
>
> [25] Todos los atletas se entrenan con disciplina. Lo hacen para ganar un premio que se desvanecerá, pero nosotros lo hacemos por un premio eterno.
>
> [26] Por eso yo corro cada paso con propósito. No solo doy golpes al aire.
>
> [27] Disciplino mi cuerpo como lo hace un atleta, lo entreno para que haga lo que debe hacer. De lo contrario, temo que, después de predicarles a otros, yo mismo quede descalificado.

Después de terminar de leer el pasaje, Daniel hizo una breve pausa y comenzó a explicar su trasfondo histórico. "En los días del apóstol Pablo, el escritor de la carta de 1 Corintios, los antiguos griegos celebraban dos grandes acontecimientos deportivos: los juegos olímpicos y los juegos ístmicos. Pablo vio la idea de correr una carrera como una buena analogía para describir la utilidad de un creyente para Dios. Del mismo modo que los mejores atletas se comprometían a dar lo mejor de sí, nosotros como cristianos necesitamos el mismo tipo de compromiso con el fin de poder correr bien la carrera cristiana".

Daniel le habló a Martín sobre lo que necesitaba mientras corría esa carrera. Un cristiano debe tener dominio propio. Como dijo el apóstol Pablo en el versículo 25: "Todos los atletas se entrenan con disciplina". Esa es la clave del éxito. La frase "se entrenan con disciplina" habla de dominio propio, o de la idea de fuerza bajo control.

Tú sabes bien por experiencia personal que un joven necesita tener dominio propio. Hay muchas áreas en las que la vida de un joven puede descontrolarse.

Área física. Tu cuerpo es templo del Espíritu Santo (1 Corintios 6:19) y debe ser tratado con cuidado y respeto. No es tuyo sino de Dios. Por tanto, no debes maltratarlo comiendo en exceso, consumiendo drogas, fumando cigarrillos ni bebiendo alcohol. Utiliza la siguiente declaración como tu guía en el área física: Todo aquello que no se puede manejar mediante el dominio propio es una adicción. Lo mejor que puedes hacer es comprometerte a nunca empezar a maltratar tu cuerpo.

Área emocional. Un hombre debe mostrar el tipo correcto de emociones, como el amor y el cuidado. La indiferencia no es una opción para el cristiano. Jesús se preocupaba por la gente a su alrededor y se espera que tú también lo hagas, especialmente cuando se trata de tu familia, incluso de tus hermanos menores. Debes controlarte para no tener arrebatos del tipo equivocado de emociones y no gritar ni perder los estribos. Dios no quiere que seamos como un volcán humeante en nuestro corazón que está listo para estallar a la menor provocación.

Área sexual. El mundo ofrece muchas opciones que hacen que sea fácil para un hombre joven perder el control con la pornografía, y los pensamientos y las tentaciones lujuriosas. La falta de control sexual de hoy puede destruir las relaciones que un hombre joven tenga mañana, entre otros aspectos.

Correr la carrera con un propósito

Como Pablo escribió en 1 Corintios 9:25-26, el cristiano debe tener un propósito. Un poco antes, en los versículos 19 y 22, vemos que el propósito de Pablo era la salvación de los perdidos. Esa era su meta en la vida. No corría sin rumbo, como quien da "golpes al aire". Un joven como tú también debe tener ese mismo enfoque intenso, no solo por los perdidos a tu alrededor, sino por tu propio crecimiento espiritual e intelectual.

No eres demasiado joven para estar pensando en tu futuro. Debes hacerte preguntas tales como: "¿Cuáles son los planes de Dios para mi vida?", "¿Cómo puedo prepararme y capacitarme?".

Esta es otra pregunta que puede ayudarte a pensar sobre tu futuro: "¿Qué quieres haber logrado para cuando termines tus años de adolescencia?". Escribe aquí algunas notas:

_____

_____

_____

Un cristiano debe ser consciente de las consecuencias del pecado: la descalificación (versículo 27). En los juegos olímpicos de la época de Pablo, un competidor que no cumplía con los requisitos básicos de entrenamiento y las normas del evento no podía participar en la carrera. De la misma manera, un joven egocéntrico se descalifica a sí mismo cuando no está dispuesto a pagar el precio para aprender y crecer en el conocimiento de las normas de Dios, es decir, descubrir las normas en la Biblia. Después de convertirte en cristiano, no conocer las reglas de Dios nunca es una excusa válida.

Cuando Daniel terminó, Martín lo miró asombrado y dijo: "¡Caramba! ¡No me había dado cuenta de que ser cristiano fuera algo tan serio!".

Daniel miró fijamente a Martín a sus ojos y dijo: "Por eso quería reunirme contigo, Martín. Vi en ti a alguien que no estaba con ganas de jugar juegos espirituales, sino a alguien que podría estar dispuesto a aceptar la disciplina que debe marcar la vida de cada cristiano. Veo que deseas ser más disciplinado y entender mejor la Biblia. Pero hay otra disciplina que necesitas. Va de la mano con el estudio de la Biblia, y es la oración. Estas dos disciplinas, el estudio bíblico y la oración, son las dos caras de la moneda de la madurez cristiana".

"Para que empieces, voy a darte un estudio bíblico sobre la

oración. Antes de que comenzaras a venir al grupo de jóvenes, leímos un libro titulado *Guía de un joven para las buenas decisiones*.[3] En ese libro, hay un capítulo sobre la oración que te ayudará a comprender mejor su importancia. Vamos a orar para que ese estudio te ayude a motivarte en la disciplina de la oración".

Martín se apresuró para llegar a casa y empezar a descubrir lo que la Biblia dice acerca de la oración. Unámonos a él y veamos lo que está aprendiendo.

Dios está disponible todo el tiempo

"¿Es tu teléfono celular el que está sonando?". Puedes oír a la gente decir eso todos los días. Parece que todo el mundo tiene un teléfono celular con cobertura nacional. Hay muy pocos lugares en donde no se pueda recibir una señal de teléfono celular.

En muchos sentidos, tu vida de oración es como un teléfono celular: puedes hablar con Dios en cualquier momento que lo desees, en todo lugar y durante todo el tiempo que quieras. Pero a diferencia de un teléfono celular, en la oración no se cobran cargos ni tarifas de larga distancia. Nunca es necesario buscar en un directorio para encontrar el número y la información de contacto de Dios. Y, además, tu comunicación con Dios no requiere auriculares, pues es de manos libres. Por último, tienes una línea directa con el Dios del universo que está disponible las 24 horas del día, los 7 días de la semana y los 365 días del año. Así funciona la tecnología divina.

Está bien claro en la Biblia que Dios responde a las oraciones. Entonces, ¿por qué no oramos más a menudo? ¿Por qué no somos más serios en cuanto a la disciplina de la oración?

Diez razones por las que no oramos

Al ser el acto de la oración algo tan sencillo como inclinar la cabeza y empezar a hablar con Dios acerca de lo que está pasando en nuestra vida, sería esperable que oraríamos mucho más de lo que lo hacemos. ¿Has pensado alguna vez por qué no oras más?

---

3. Jim George, *Guía de un joven para las buenas decisiones* (Grand Rapids: Editorial Portavoz, 2012).

Estoy seguro de que sí lo has hecho. Yo también, de hecho, pienso en eso todo el tiempo. Al examinar mi propio corazón y vida, he descubierto algunas razones (y excusas) que utilizamos para no orar.

1. *Mundanalidad.* Nuestro mundo nos afecta más de lo que pensamos. Ejerce una presión constante en nosotros para que vivamos de la misma forma en que el mundo vive... en vez de vivir a la manera de Dios. Y, además, como ya tenemos comida, ropa, vivienda, familia, amigos, y un montón de cosas divertidas para hacer, decidimos erróneamente: "¿Por qué tengo que hablar con Dios? Tengo todo lo que necesito sin perder el tiempo orando".

2. *Ocupaciones.* Otra razón por la que no oramos es porque no le dedicamos el tiempo ni el esfuerzo necesarios. La oración no es nuestra prioridad, así que ocupamos nuestro tiempo con otras cosas que creemos que son más importantes. Estamos tan ocupados que ni siquiera planificamos el acto de orar en nuestro programa diario.

3. *Necedad.* Siempre que estamos consumidos con lo que es absurdo, trivial e insignificante, fallamos en orar. Comenzamos a perder nuestra capacidad de ver la diferencia entre lo que es bueno y lo que no lo es. Entre lo que es esencial y lo que no lo es. Entre lo que es eterno y lo temporal. Todo se convierte en una "zona gris" que no requiere oración (¡o al menos eso pensamos!).

4. *Distancia.* No tenemos ningún problema en hablar con los amigos. Puedes hablar con tus amigos acerca de los videojuegos durante horas, ¡y lo haces! ¿Pero hablar con alguien fuera de tu círculo? Olvídalo. Somos de esa misma manera en lo concerniente a hablar con Dios. Si no tienes una relación íntima con Dios, te resultará difícil hablar con Él. No sabrás qué decir y no te sentirás cercano ni cómodo en su presencia.

5. *Ignorancia.* No tenemos ni idea de cómo funciona la oración. Y no entendemos cómo nos ayuda a relacionarnos con Dios y a tomar decisiones correctas. El problema es que no comprendemos

plenamente el amor de Dios por nosotros y su poder para mejorar nuestra vida.

6. *Pecaminosidad.* No oramos porque sabemos que hemos hecho algo mal. En nuestro corazón sabemos que tenemos que hablar con Dios sobre ello, confesarlo, estar de acuerdo con Él en que lo que hicimos estuvo mal. ¿Qué podemos hacer con nuestros pecados y nuestras fallas? Tomar la decisión de no tener cuentas pendientes con Dios. Hacer frente a cualquier pecado apenas sucede, en el acto, en el momento exacto en que te equivocas.

7. *Falta de fe.* En realidad, no creemos en el poder de la oración. A veces eso se debe a que no conocemos las muchas promesas que Dios nos ha dado acerca de la oración. No sabemos que Él nos garantiza que contestará nuestras oraciones. Por tanto, damos por supuesto que la oración no hace ninguna diferencia para nosotros. Así que no oramos.

8. *Orgullo.* La oración muestra nuestra dependencia de Dios. Cuando dejamos de orar, por nuestro orgullo, estamos diciendo que nosotros no tenemos necesidades, o aún peor, estamos diciendo: "No, gracias, Dios. Yo me encargo de esto. Me basto a mí mismo. Yo sé hacerlo".

9. *Inexperiencia.* No oramos porque… no oramos. Y porque no oramos, no sabemos cómo orar… así que seguimos sin orar. Somos como el perro que persigue su cola, estamos atrapados en un ciclo que no lleva a ninguna parte.

10. *Pereza.* Este puede ser nuestro principal obstáculo para la oración. Simplemente, no podemos o no queremos hacer el esfuerzo para hablar con Dios. La oración es un acto de la voluntad. Es una decisión. Tienes que querer hacerlo y decidir hacerlo.

Revisa la lista de excusas por las que no oramos y elige las dos principales que generalmente te impiden orar. ¿Qué puedes hacer para eliminar esas excusas?

1. _____
   _____
   _____
2. _____
   _____
   _____

Promesas sobre la oración

Ahora es tu turno para descubrir lo que dice la Biblia acerca de la oración. Al leer cada una de estas asombrosas promesas y garantías acerca de la oración, subraya lo que se requiere de ti y luego escribe la promesa de Dios para ti.

"Les digo, ustedes pueden orar por cualquier cosa y si creen que la han recibido, será suya" (Marcos 11:24).

_____
_____
_____

"Clama a mí y te responderé, y te daré a conocer cosas grandes y ocultas que tú no sabes" (Jeremías 33:3, NVI).

_____
_____
_____

"Así que acerquémonos con toda confianza al trono de la gracia de nuestro Dios. Allí recibiremos su misericordia y encontraremos la gracia que nos ayudará cuando más la necesitemos" (Hebreos 4:16).

_____
_____
_____

"¿Alguno de ustedes está pasando por dificultades? Que ore" (Santiago 5:13).

_____
_____
_____

"Si necesitan sabiduría, pídanla a nuestro generoso Dios, y él se la dará" (Santiago 1:5).

_____
_____
_____

"¡Ama a tus enemigos! ¡Ora por los que te persiguen!" (Mateo 5:44).

_____
_____
_____

"Pero si confesamos nuestros pecados a Dios, él es fiel y justo para perdonarnos nuestros pecados y limpiarnos de toda maldad" (1 Juan 1:9).

_____
_____
_____

"No tienen lo que desean porque no se lo piden a Dios. Aun cuando se lo piden, tampoco lo reciben porque lo piden con malas intenciones: desean solamente lo que les dará placer" (Santiago 4:2-3). ¿Qué advertencia te da Dios para cuando oras?

_____
_____
_____

Ejemplos de hombres que oraban

A medida que leas la Biblia cada vez más, descubrirás que está llena de personas que tomaron la decisión de orar por todo en la vida, que afilaron su arma de la oración. Observa lo que puedes aprender sobre la diferencia que la oración hizo en la vida de esas personas y sobre qué tipo de asuntos hablaron ellos con Dios.

David. Lee el Salmo 32:1-5. ¿Cuál fue el problema en la vida de David y cómo la oración marcó la diferencia?

_____

_____

_____

Abraham. Lee Génesis 18:20-33 y 19:29. ¿Cuál era la preocupación de Abraham y qué hizo al respecto? ¿Cuál fue el resultado?

_____

_____

_____

Jesús. Lee Lucas 6:12-13. ¿Cuánto tiempo estuvo Jesús orando y qué decisión tomó después?

_____

_____

_____

Dedica unos minutos a anotar las decisiones que enfrentas en estos días y elige un momento para orar acerca de ellas diariamente.

Decisiones sobre las que necesito orar:

_____

_____

_____

Jesús. Lee Mateo 26:36-44. ¿Qué sucede en estos versículos y cuál era la intención de Jesús según el versículo 36?

¿Cuán seria era la situación de Jesús según leemos en los versículos 37-38?

Según el versículo 39, ¿cuál fue la postura de Jesús cuando Él oró?

Jesús estaba orando sobre el hecho de que pronto moriría en la cruz. ¿Cuántas veces oró sobre hacer la voluntad de Dios (versículos 39-44)? ¿Y qué deseo expresó en repetidas ocasiones en el contenido de sus oraciones según los versículos 39, 42 y 44?

Después de un tiempo prolongado en oración, ¿cómo procedió Jesús a cumplir el plan de Dios de que Él muriera por los pecadores (versículos 45-46)?

Pablo. Lee Filipenses 4:6. ¿Qué impulsó a Pablo a orar?

Anota los tipos de oración que Pablo menciona en el versículo 6.

Según el versículo 7, ¿qué sucede cuando entregamos a Dios todas nuestras ansiedades por medio de la oración?

UN MENSAJE PARA TI

Así, pues, ¿deseas utilizar tu arma secreta de la oración? Aquí tienes dos principios sencillos que te impulsarán y ayudarán a superar las excusas que usamos para no orar:

Primero, acostúmbrate a ir a la cama un poco antes. Establece la meta de levantarte cinco minutos antes por la mañana a fin de tener tiempo para orar. La oración requiere al menos unos minutos.

Para que esto suceda, termina tus tareas la noche anterior. Haz todo lo que sueles hacer antes de ir a la cama, como lavarte la cara, cepillarte los dientes, etc. A continuación, verifica tu horario del día siguiente y comienza una lista de tareas para mañana. Pon la oración a la cabeza de la lista. Deja preparada tu Biblia y tu cuaderno de oración en el lugar donde vas a tener tu momento de quietud a la mañana siguiente. Puedes incluso crear tu lista de oración la noche anterior para que estés listo para orar tan pronto como te despiertes.

Luego, vete a la cama un poco más temprano para poder encontrarte con Dios y empezar a desarrollar el hábito de orar y hablar con tu Padre celestial cada mañana.

Segundo, recuerda el principio de que "algo es mejor que nada". Una oración es mejor que ninguna. Comienza tomando la decisión de orar unos minutos cada día. Luego dedica gradualmente un poco más tiempo a la oración.

LO QUE OTROS HAN DICHO SOBRE LA BIBLIA

*El Nuevo Testamento es el mejor libro
que el mundo ha conocido o que conocerá.*

CHARLES DICKENS
Escritor

4

Un Dios, un libro, un mensaje

Toda la Escritura es inspirada por Dios y es útil para enseñarnos lo que es verdad y para hacernos ver lo que está mal en nuestra vida. Nos corrige cuando estamos equivocados y nos enseña a hacer lo correcto.
2 Timoteo 3:16

Martín estaba deseando llegar a la oficina de Daniel para su siguiente sesión. Ese sentimiento era definitivamente nuevo para él. En el pasado, intentaba evitar emocionarse demasiado sobre cualquier cosa que pudiera mostrar algún indicio de interés de su parte. Esa era la forma en que se suponía actuaban los adolescentes interesantes. Debían tener siempre una mirada aburrida en la cara.

Sin embargo, Martín estaba cambiando y él lo notaba. Estaba realmente interesado en aprender a entender la Biblia y la tarea asignada sobre la oración había sido impresionante. Nunca antes se había dado cuenta de que la oración fuera tan importante. Él y Daniel se habían reunido solo un par de veces pero, durante cada visita, Martín aprendió mucho. Así que estaba entusiasmado con lo que Daniel podía tener preparado para él en la siguiente visita.

Mientras Martín se acercaba a la oficina de Daniel, este se hallaba sentado ante su escritorio revisando el material que quería estudiar con Martín. Le oyó llamar a la puerta y, antes de que pudiera decir "Entra", la puerta se abrió y apareció Martín con una gran sonrisa en el rostro.

—¡Daniel, quiero darte las gracias por la lección sobre la oración! Fue reveladora. Incluso he empezado a orar cada mañana. Me siento más cerca de Dios y siento deseo de vivir para Él. La oración me ha dado confianza para vivir para Jesús y he notado la ayuda que me da todo el día al hablar con Él.

Daniel estaba encantado de que Martín estuviera entusiasmado acerca de la oración, porque esa es una parte esencial para el estudio de la Biblia. Empezaron la reunión con una oración y Daniel pudo percibir una diferencia real en Martín. Cuando terminaron de orar, Daniel empezó rápidamente con el estudio preparado.

—Martín, antes de entrar en las cuestiones específicas del estudio de la Biblia, hay una lección preliminar que necesitamos tratar. Es sobre el panorama general de la Palabra de Dios. La Biblia se compone de 66 libros diferentes escritos por unos 40 autores. El Antiguo Testamento fue escrito originalmente en hebreo y el Nuevo Testamento, en griego, y muchas personas no entienden cómo los dos testamentos se relacionan entre sí. Algunas personas suponen que el Nuevo Testamento es todo lo que necesitan y que el Antiguo Testamento ha quedado obsoleto. Pero eso no es correcto. Esta semana, vamos a aprender cómo se vinculan entre sí el Antiguo y el Nuevo Testamento. Vamos a hacer un breve estudio del único libro sobre el único Dios con un único mensaje.

Daniel dio entonces a Martín una hoja de trabajo y un lápiz y dijo: "Toma esta hoja de trabajo y usa la página de contenido de la Biblia para completarla. La veremos juntos la semana que viene".

En las siguientes páginas, encontrarás la misma información que Daniel entregó a Martín. Lee esas páginas y luego escribe tus respuestas en los espacios en blanco provistos.

El Antiguo Testamento

El Antiguo Testamento es un registro de la relación de Dios con su "pueblo escogido", es decir, la nación de Israel. Ya en la antigüedad, la gente no seguía a Dios y adoraba a todo tipo de ídolos. Por ello, Dios fundó la nación hebrea para establecer la idea de que hay

Un Dios, un libro, un mensaje   47

un solo Dios vivo y verdadero. Su deseo era que el pueblo judío lo diera a conocer a las demás naciones.

Los primeros cinco libros del Antiguo Testamento fueron escritos por Moisés alrededor del 1450 a.C. A estos se los conoce como los cinco libros de Moisés, o el Pentateuco (que significa "cinco rollos o escritos"). En el judaísmo, se les llama la Torá, que significa "la ley". Escribe abajo los cinco libros de la Biblia en el orden en que aparecen en la página de contenido de la Biblia.

1. __Genesis__ es el libro de los comienzos (creación, hombre, pecado, redención, la nación de Dios).

2. __Exodo__ muestra cómo Dios liberó a su pueblo de Egipto.

3. __Levitico__ detalla las leyes sacerdotales sobre la santidad y la adoración por medio de sacrificios y purificación.

4. __Numeros__ explica cómo el pueblo de Dios continuamente le desobedeció y vagó por el desierto durante 40 años.

5. __Deuteronomios__ presenta a Moisés enseñando a una nueva generación del pueblo de Israel y preparándolos para la entrada en la tierra prometida.

Los siguientes 12 libros de la Biblia los conocemos como los libros históricos. Fueron escritos entre los años 1100 y 600 a.C. Estos libros describen la relación de Dios con su pueblo escogido después de entrar en la tierra prometida. Usa la página de contenido de la Biblia y escribe en orden los nombres de estos libros históricos.

1. __Josue__ destaca la conquista de la tierra prometida.

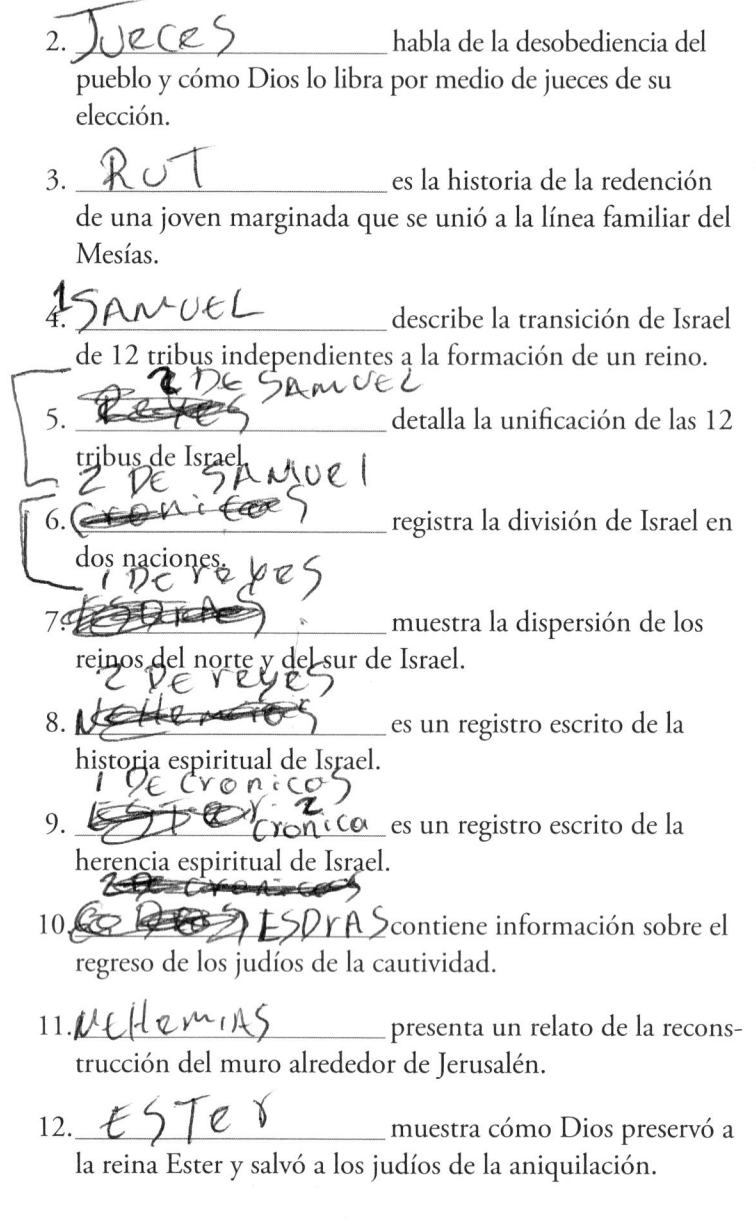

2. __Jueces__ habla de la desobediencia del pueblo y cómo Dios lo libra por medio de jueces de su elección.

3. __Rut__ es la historia de la redención de una joven marginada que se unió a la línea familiar del Mesías.

4. __1 Samuel__ describe la transición de Israel de 12 tribus independientes a la formación de un reino.

5. ~~Reyes~~ __2 de Samuel__ detalla la unificación de las 12 tribus de Israel.

6. ~~Crónicas~~ __2 de Samuel / 1 de Reyes__ registra la división de Israel en dos naciones.

7. ~~Esdras~~ __2 de Reyes__ muestra la dispersión de los reinos del norte y del sur de Israel.

8. ~~Nehemías~~ __1 de Crónicas__ es un registro escrito de la historia espiritual de Israel.

9. ~~Ester~~ __2 Crónicas__ es un registro escrito de la herencia espiritual de Israel.

10. ~~Job~~ __Esdras__ contiene información sobre el regreso de los judíos de la cautividad.

11. __Nehemías__ presenta un relato de la reconstrucción del muro alrededor de Jerusalén.

12. __Ester__ muestra cómo Dios preservó a la reina Ester y salvó a los judíos de la aniquilación.

Los siguientes cinco libros del Antiguo Testamento son conocidos como los libros poéticos. Incluyen poemas y cantos hebreos que describen la grandeza de Dios y su relación con la humanidad.

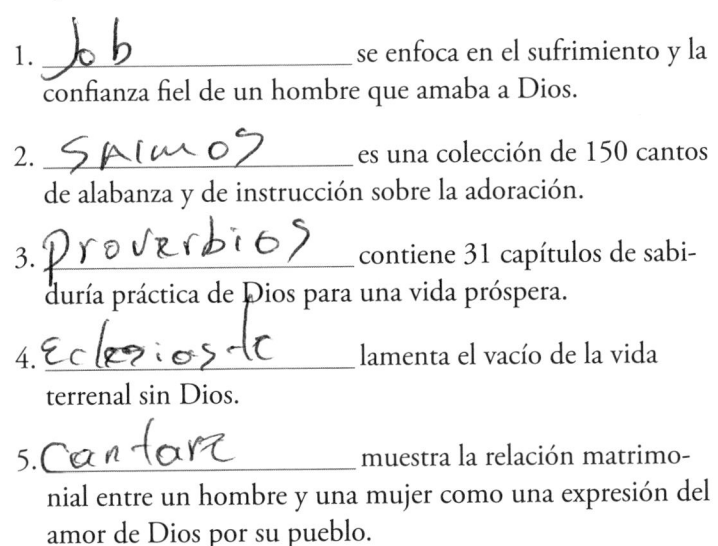

Escribe abajo por orden los nombres de estos libros y fíjate en el asunto que trata cada uno.

1. _Job_ se enfoca en el sufrimiento y la confianza fiel de un hombre que amaba a Dios.
2. _Salmos_ es una colección de 150 cantos de alabanza y de instrucción sobre la adoración.
3. _Proverbios_ contiene 31 capítulos de sabiduría práctica de Dios para una vida próspera.
4. _Eclesiastés_ lamenta el vacío de la vida terrenal sin Dios.
5. _Cantares_ muestra la relación matrimonial entre un hombre y una mujer como una expresión del amor de Dios por su pueblo.

Los siguientes cinco libros de la Biblia son conocidos como los profetas mayores. Eso no se debe a que estos profetas sean mayores en importancia, sino a que los libros que escribieron son más extensos. Estos libros fueron escritos entre los años 750 y 550 a.C. A continuación, escribe sus nombres y fíjate en el asunto que trata cada libro.

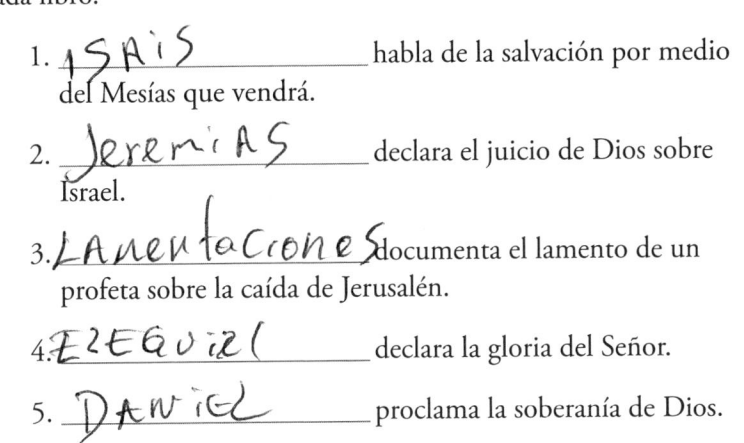

1. _Isaías_ habla de la salvación por medio del Mesías que vendrá.
2. _Jeremías_ declara el juicio de Dios sobre Israel.
3. _Lamentaciones_ documenta el lamento de un profeta sobre la caída de Jerusalén.
4. _Ezequiel_ declara la gloria del Señor.
5. _Daniel_ proclama la soberanía de Dios.

Los últimos 12 libros del Antiguo Testamento son conocidos como los profetas menores. Se les llama así porque estos libros son generalmente más cortos que los llamados profetas mayores. Estos libros fueron escritos entre los años 800 y 400 a.C. Escribe abajo sus nombres en el orden en que aparecen en la Biblia y de nuevo fíjate en el tema de cada uno.

1. _____ describe la infidelidad de Israel a Dios.

2. _____ habla acerca del día del Señor.

3. _____ registra el juicio sobre el reino del norte de Israel.

4. _____ habla de la justa sentencia de Edom.

5. _____ proclama la gracia de Dios para todas las personas.

6. _____ documenta el juicio de Dios sobre el reino del sur de Israel.

7. _____ advierte sobre la destrucción de Nínive a menos que sus habitantes se vuelvan a Dios.

8. _____ habla de la confianza en Dios, quien es soberano.

9. _____ declara el "gran día del Señor".

10. _____ habla de la reedificación del templo.

11. _____ proclama la liberación de Dios por medio de Jesús, el Mesías.

12. _____ es un libro que critica el legalismo.

En total, hay 39 libros en el Antiguo Testamento. Estos, junto con los 27 del Nuevo Testamento, nos llevan al total de los 66 libros de la Biblia. Encontrarás que es muy útil memorizar el orden de aparición de estos libros.

El Nuevo Testamento

Uno de los propósitos principales del Antiguo Testamento era llevar a los pueblos del mundo a darse cuenta de su necesidad de un Salvador que los librara de sus pecados. La ley de Moisés tenía la función de guiar a la gente hacia Cristo y la salvación. En el Nuevo Testamento, leemos sobre la venida de Cristo a la tierra, y también acerca de su vida, muerte y resurrección, lo que hace posible que Dios nos rescate de nuestros pecados. Luego, leemos las instrucciones de Dios para la vida cristiana, así como sus planes para el futuro.

Los primeros cinco libros del Nuevo Testamento son los libros históricos. Así como hiciste con el Antiguo Testamento, utiliza la tabla de contenido de tu Biblia para llenar los espacios en blanco correspondientes a esos cinco libros históricos del Nuevo Testamento.

1. _____ Aquí vas a encontrar la vida de Cristo escrita especialmente para el pueblo judío y la revelación de que Jesucristo es el Mesías y Rey que ellos esperaban.

2. _____ Este libro sobre la vida de Cristo muestra a Jesús como el siervo obediente de Dios y hace hincapié en sus actividades.

3. _____ Este libro acerca de la vida de Cristo revela a Jesús como el hombre perfecto y hace hincapié en su humanidad.

4. _____ En este libro, vemos a Cristo que se manifiesta como el Hijo de Dios, lo que destaca su deidad.

5. _____ Este libro histórico describe el inicio y la extensión de la iglesia cristiana. Debido a que el Espíritu Santo se menciona en varias ocasiones, este libro a veces se conoce como los Hechos del Espíritu Santo.

Aclaración: Los primeros cuatro libros del Nuevo Testamento son conocidos como los cuatro Evangelios. ¿Por qué cuatro? Fueron escritos por cuatro biógrafos diferentes que dejaron constancia de la vida de Jesús desde cuatro perspectivas distintas: Jesús como rey, como siervo, como hombre y como Dios.

El Evangelio de Juan da dos razones por las cuales Juan se esmeró en registrar los detalles sobre la vida de Jesús. Lee Juan 20:30-31 y anota las dos razones que aparecen en el versículo 31:

1. _____

2. _____

Los siguientes 21 libros son cartas, que también se conocen como epístolas. Fueron dirigidas a personas, a iglesias o a todos los creyentes en general. Estas cartas se ocupan de todos los aspectos de la fe cristiana y de las responsabilidades de los creyentes en Cristo. Menciónalas a continuación en el orden en que se encuentran en la Biblia y no olvides fijarte en el asunto de cada carta.

Grupo 1: Las cartas del apóstol Pablo escritas a iglesias o individuos

1. _____ La justicia de Dios

2. _____ La conducta cristiana

3. _____ La defensa de Pablo de su apostolado

4. _____ La libertad en Cristo

5. _____ Las bendiciones en Cristo

6. _____ La vida llena de gozo

7. _____ La supremacía de Cristo

8. _____ La preocupación por la iglesia

9. _____ La vida con esperanza

10. _____ Instrucciones para un discípulo joven

11. _____ El encargo de un ministerio fiel

12. _____ Un manual de conducta

13. _____ Una petición de perdón

Grupo 2: Cartas universales escritas a grupos de judíos repartidos por todo el Imperio romano

1. _____ La superioridad de Cristo

2. _____ La fe genuina

3. _____ Respuesta al sufrimiento

4. _____ Advertencia en contra de falsos maestros

5. _____ La comunión con Dios

6. _____ El discernimiento cristiano

7. _____ La hospitalidad cristiana

8. _____ La defensa de la fe

El último libro del Nuevo Testamento es un libro de profecía.

Habla de eventos futuros, entre ellos, el regreso, el reinado y la gloria del Señor Jesucristo, y el estado futuro de los creyentes y no creyentes. Se llama _____.

Semejanzas entre el Antiguo y el Nuevo Testamento

La mejor manera de alcanzar una perspectiva de la unidad de la Biblia como un todo es ver la forma en que se ve el Antiguo Testamento en el Nuevo Testamento.

Primero, vamos a considerar la autoría. Según Hebreos 1:1-2, ¿quién fue el autor del Antiguo y del Nuevo Testamento? Lee los versículos siguientes y luego escribe tu respuesta.

> Hace mucho tiempo, Dios habló muchas veces y de diversas maneras a nuestros antepasados por medio de los profetas [Antiguo Testamento]. Y ahora, en estos últimos días, nos ha hablado por medio de su Hijo. Dios le prometió todo al Hijo como herencia y, mediante el Hijo, creó el universo [Nuevo Testamento].

_____

_____

Segundo, observemos que hay un único plan de redención. Lee 2 Timoteo 3:14-15 y fíjate en cómo el Antiguo Testamento guió a Timoteo a la salvación:

> Pero tú [Timoteo] debes permanecer fiel a las cosas que se te han enseñado. Sabes que son verdad, porque sabes que puedes confiar en quienes te las enseñaron. Desde la niñez, se te han enseñado las sagradas Escrituras [Antiguo Testamento], las cuales te han dado la sabiduría para recibir la salvación que viene por confiar en Cristo Jesús.

Ahora lee Romanos 4:1-9 en tu Biblia. Allí, el apóstol Pablo nos dice que Abraham y David fueron justificados por la fe. De nuevo puedes ver un único plan de redención (solo por la fe) para la salvación.

Tercero, veamos que Jesús está en el centro de todo. En todo el Antiguo Testamento, vemos declaraciones que anticipan la futura venida del Mesías quien rescatará a la gente de sus pecados. Ya en Génesis 3:15, en el primer libro de la Biblia, encontramos una mención de Cristo. También se nos dice que Cristo tuvo participación en la creación del universo, pues Hebreos 1:2 dice que Dios "en estos últimos días, nos ha hablado por medio de su Hijo… y, mediante el Hijo, creó el universo".

Lee Colosenses 1:16. ¿Qué dice acerca de la creación del mundo? Escribe la respuesta abajo.

> Porque, por medio de él, Dios creó todo lo que existe en los lugares celestiales y en la tierra. Hizo las cosas que podemos ver y las que no podemos ver, tales como tronos, reinos, gobernantes y autoridades del mundo invisible. Todo fue creado por medio de él y para él.

Cristo aparece varias veces en el Antiguo Testamento. Esas apariciones son llamadas *teofanías*, o apariciones de Dios. Se afirma que Cristo mismo "irradia la gloria de Dios" (Hebreos 1:3). ¿Cómo se le describe a Cristo en Génesis 16:7?

"El ángel del Señor" de Génesis 16:7 se menciona de nuevo en el versículo 10. Allí vemos que Él posee el tipo de autoridad que solo pertenece a Dios, ya que es capaz cuidar de los descendientes a Agar y de su hijo Ismael.

Cuarto, observemos la unidad del Antiguo y del Nuevo Testamento en la redención de la nación de Israel. El hecho de que el pueblo de Israel exista todavía hoy es una prueba poderosa del poder de Dios. Él los ha cuidado a través de los siglos. Y en 1 Corintios 10:1-11, el apóstol Pablo habla de cómo Dios usó a la nación de Israel del Antiguo Testamento para enseñar muchas verdades a los creyentes del Nuevo Testamento. En Romanos capítulos 9—11, Pablo explica que Dios no ha terminado de cumplir su propósito con Israel, pues como nación tiene un lugar en los planes futuros de Dios. Así lo confirma el libro de Apocalipsis.

Diferencias entre el Antiguo y el Nuevo Testamento

Además de las semejanzas que vemos entre el Antiguo y el Nuevo Testamento, hay también puntos de contraste. Consideremos algunos de ellos.

Primero, Dios se reveló a sí mismo de manera diferente en cada testamento. En el Antiguo Testamento, el Espíritu Santo "venía sobre una persona" en momentos excepcionales para que esta brindara servicio a Dios. Pero en el Nuevo Testamento, leemos que el Espíritu Santo vive en cada creyente (Efesios 1:13-14).

Segundo, el Antiguo Testamento se centra en la ley de Dios, mientras que el Nuevo Testamento se centra en la gracia de Dios. Un propósito clave de la ley era mostrar a la gente que eran pecadores y que necesitaban a un Salvador, y la gracia de Dios hace que la salvación del pecado sea un don gratuito por medio de la fe en Jesucristo.

Tercero, el Antiguo Testamento muestra que Dios estableció diferentes relaciones de pacto con Noé, Abraham, la nación de Israel y el rey David. Estos constituyen los viejos pactos. En el Nuevo Testamento, Jesús habló de que los creyentes forman parte de un nuevo pacto, un nuevo pacto del corazón.

Cuando nos fijamos en las semejanzas y las diferencias, comprendemos mucho mejor cómo el Antiguo y el Nuevo Testamento se relacionan entre sí. Podemos ver cómo Dios, con el pasar del tiempo, ha seguido obrando en la vida de las personas y cómo ha revelado cada vez más sobre su obra.

Algunos estudiosos llaman a esto la "revelación progresiva".

¿Qué significa eso? Piénsalo de esta manera: al leer la Biblia, imagínate que vas conduciendo por una carretera y mirando a las señales de tráfico. Cada señal te dará un poco de información acerca de lo que está por venir. A medida que ves más y más señales, obtienes una imagen más completa de todo lo que está por delante de ti. De la misma forma, a medida que lees más y más de la Biblia, vas siendo capaz de obtener una imagen más completa de lo que Dios quiere que sepas.

Así, pues, en el Antiguo Testamento, vemos cómo Dios obra en la vida de las personas y cómo se va desarrollando su plan para el futuro. Luego, en el Nuevo Testamento, vemos una parte clave de su plan revelado en la venida de Jesucristo a la tierra. Después, se nos dice cómo debemos vivir como cristianos nuestra salvación. Todo esto hace que la Biblia sea un libro extraordinario.

UN MENSAJE PARA TI

Hasta aquí, hemos aprendido que la Biblia es un libro especial. Contiene la revelación de la Palabra y la voluntad de Dios. Nos habla de Dios y de su deseo para nuestra vida.

¿Quieres conocer la voluntad de Dios? Entonces debes leer la Biblia. Pero es importante que tengas en cuenta que, a medida que leas y estudies la Biblia, Dios te va a demandar una respuesta. Él espera que crezcas en tu obediencia, fe y amor por Él y por su Palabra. La buena noticia de todo esto es que Dios no espera que puedas hacer eso por tu cuenta. Él te ayudará en cada paso a lo largo del camino. Jesús nos da esta palabra de ánimo:

> Luego dijo Jesús: "Vengan a mí todos los que están cansados y llevan cargas pesadas, y yo les daré descanso. Pónganse mi yugo. Déjenme enseñarles, porque yo soy humilde y tierno de corazón, y encontrarán descanso para el alma. Pues mi yugo es fácil de llevar y la carga que les doy es liviana" (Mateo 11:28-30).

LO QUE OTROS HAN DICHO SOBRE LA BIBLIA

El pecado te apartará de la Biblia, o la Biblia te apartará del pecado.

DWIGHT L. MOODY
Evangelista del siglo XIX

5

Un libro de gran valor

*Tus enseñanzas son más valiosas para mí
que millones en oro y plata.*
SALMO 119:72

Con su hoja de trabajo en la mano, Martín saludó al pastor Daniel, se sentó y orgullosamente le entregó su tarea hecha. Daniel sonrió y dijo:

—Fue fácil la tarea, ¿no?

Martín asintió con la cabeza y agregó:

—Me di cuenta que no sabía mucho sobre el Antiguo Testamento y este ejercicio me ayudó a tener más armado el rompecabezas. Es bueno tener un panorama completo de lo que Dios hizo durante esos miles de años. Y ver que todo se cumple en el Nuevo Testamento. ¡Dios es increíble!

Y entonces Martín pensó para sí mismo: *¡Dios es eso y tanto más!*

—Así que, Martín, parece que tú y yo estamos de acuerdo en lo que se refiere a apreciar la Biblia. Hoy vamos a avanzar un paso más en nuestro estudio. Ya hemos respondido a la pregunta "¿Qué es la Biblia?". Ahora es el momento de considerar la siguiente pregunta: "¿Por qué este libro es tan especial?".

"Para empezar —Daniel continuó—, vamos a observar la Biblia como un arqueólogo analizaría un artefacto raro y antiguo. El experto sería cuidadoso al examinarlo, porque no querría perderse las pistas importantes en cuanto a su origen e información. O tal vez podrías imaginar que eres un espía experto. Si lo fueras, considerarías que la Biblia es un diario de extrema confidencialidad que acabas de conseguir de detrás de las líneas enemigas. Lo tratarías con gran interés y sumo cuidado porque sabes que contiene material valioso que es vital para la seguridad nacional. En cualquier caso, ya sea como arqueólogo o espía experto, debes tener un punto de partida. Vamos a empezar por el principio".

Los orígenes de la Biblia

La Biblia no apareció un día milagrosamente de la nada. Tampoco fue atribuida la revelación de la Biblia a la sabiduría o santidad de una persona ni tampoco de un grupo selecto de hombres. La Biblia, a diferencia de todos los otros escritos religiosos, fue escrita durante un período de 1500 años. Se comenzó a escribir en la época de los grandes faraones de Egipto, aproximadamente en el 1400 a.C., y su último libro, el Apocalipsis, se completó alrededor del 95 d.C., en una época en que el mundo estaba bajo el dominio del poderoso Imperio romano. La mayor parte de la Biblia fue escrita en dos idiomas, hebreo y griego, y sus 66 libros se han atribuido a las plumas de más de 40 autores diferentes.

En los más de 2000 años que han pasado desde que fue escrita, la Biblia se ha transmitido a través de los siglos y se ha traducido a muchos de los idiomas del mundo. Esto ha llevado a que las personas escépticas planteen con frecuencia la siguiente pregunta: ¿Cómo podemos estar seguros de que el mensaje de la Biblia no ha sido alterado por falta de cuidado o por las malas intenciones de los hombres? ¿Y qué decir de la posibilidad de que se haya traducido incorrectamente debido a las barreras culturales y lingüísticas? ¿No existe el peligro de que el mensaje de la Biblia haya cambiado?

Esto podría haber sucedido con otras obras escritas, pero no es el caso de la Biblia. Su mensaje original se ha preservado. Al comparar las primeras copias de la Biblia con las copias modernas, podemos ver que son exactamente iguales. Sin embargo, los escépticos siguen insistiendo: "¿Cómo puede ser?". Esta es una de las razones por las que estudiamos la Biblia. Cuando consideramos que Dios mismo escribió la Biblia a través de instrumentos humanos, que su Palabra es perfecta y que aquellos que copiaron los manuscritos de la Biblia en las distintas épocas fueron extremadamente cuidadosos y se preocuparon por mantener su exactitud, podemos entender mejor cómo es que la Biblia de hoy es la misma Biblia que se escribió originalmente. Dios es capaz de preservar la verdad que se ha transmitido en su Palabra.

Pongamos las cosas en claro

La Biblia es un libro asombroso. Hay algo que la distingue de todos los demás libros, incluso de otros libros religiosos. En los demás libros religiosos, sus autores afirman ser portavoces de su deidad, ya sea el Dios cristiano u otro dios. Sin embargo, ninguno de esos autores puede afirmar que Dios mismo escribió sus libros.

Esa es la afirmación única de la Biblia. Dios usó la personalidad, el idioma, el trasfondo, el vocabulario y el conocimiento histórico de cada escritor para guiarlos a lo largo de la escritura de la Biblia. Tenía la intención de comunicar un mensaje a toda la humanidad y actuó de la manera más apropiada para que su mensaje fuera transmitido con precisión. Si bien los seres humanos contribuyeron en la escritura de la Biblia, la verdadera autoría es de Dios mismo. Es por eso que podemos decir que la Biblia es la Palabra de Dios.

Examinemos las afirmaciones de Dios

Si consideramos solo el Antiguo Testamento, podemos encontrar más de 2000 afirmaciones de que es la Palabra de Dios. La frase "la palabra de Dios" también aparece más de 40 veces en el Nuevo Testamento. Veamos algunos ejemplos y subraya la expresión "palabra de Dios" cada vez que la encuentres.

1. Jesús afirmó que el Antiguo Testamento es la palabra de Dios cuando se enfrentó a los líderes religioso de su tiempo:

   Y entonces anulan la palabra de Dios para transmitir su propia tradición (Marcos 7:13).

2. Jesús predicó la palabra de Dios:

> Cierto día, mientras Jesús predicaba en la orilla del mar de Galilea, grandes multitudes se abalanzaban sobre él para escuchar la palabra de Dios (Lucas 5:1).

3. Pablo y su equipo misionero también la predicaron:

> Allí, en la ciudad de Salamina, fueron a las sinagogas judías y predicaron la palabra de Dios (Hechos 13:5).

4. Pablo describió la Biblia como una parte de la armadura espiritual del cristiano:

> Pónganse la salvación como casco y tomen la espada del Espíritu, la cual es la palabra de Dios (Efesios 6:17).

Veamos el proceso

Me imagino que ahora ya captas la idea: La Biblia es la Palabra de Dios tal como Él la comunicó a los hombres por medio del Espíritu Santo. Como cada libro que se ha escrito, la Biblia pasó por un proceso de publicación. Para garantizar la pureza de su mensaje, Dios acompañó y protegió a la Biblia en ese proceso, que consta de cinco características.

1. *Revelación*. Esto quiere decir dar a conocer información que podría no haberse conocido o entendido antes. Como dice la Biblia en Juan 4:24: "Dios es espíritu". No lo podemos ver. Así que Dios tomó la iniciativa y se reveló a nosotros para que supiéramos quién es Él. ¿Cómo describe el siguiente versículo el proceso que Dios usó para revelarse a sí mismo?

Hace mucho tiempo, Dios habló muchas veces y de diversas maneras a nuestros antepasados por medio de los profetas. Y ahora, en estos últimos días, nos ha hablado por medio de su Hijo (Hebreos 1:1-2).

2. *Inspiración.* La revelación de Dios se plasmó en la escritura de la Biblia por medio de inspiración o de influencia. La inspiración tiene más que ver con el proceso por el cual Dios se reveló, que con la revelación misma. ¿Cómo dice este versículo que recibimos la Biblia?

Toda la Escritura es inspirada por Dios (2 Timoteo 3:16).

En 2 Pedro 1:20-21, ¿cómo nos explica Pedro el proceso de la inspiración? ¿Cómo Dios le transmitió la información al hombre?

Sobre todo, tienen que entender que ninguna profecía de la Escritura jamás surgió de la comprensión personal de los profetas ni por iniciativa humana. Al contrario, fue el Espíritu Santo quien impulsó a los profetas y ellos hablaron de parte de Dios.

Nota: A través del proceso de inspiración, el documento original de la Palabra de Dios fue preservado de todo error humano gracias al ministerio del Espíritu Santo.

3. *Canonicidad*. Esta palabra es la respuesta a la pregunta: "¿Cómo sabemos si los auténticos escritos sagrados llegaron en realidad a ser parte de lo que hoy conocemos como la Biblia?". Aquí es donde entra la palabra *canon*, que se utiliza para describir el proceso de validación de la Biblia. Se refiere a una vara de medir o estándar para determinar exactamente qué escritos debían incluirse en la Palabra de Dios. Si un determinado manuscrito no cumplía con las normas, era dejado fuera de la Biblia.

Se utilizaron ciertos principios para determinar qué libros debían ser incluidos en la Biblia. En la época de Cristo, todo el Antiguo Testamento ya estaba escrito y había cumplido con el criterio aceptado por los eruditos judíos. A medida que se fueron escribiendo y transmitiendo los diferentes libros del Nuevo Testamento, muchos ya se consideraban auténticos. Al pasar los años, grupos de estudiosos cristianos se reunieron para determinar qué escritos pertenecían a la Biblia. Después de mucha discusión, los primeros líderes de la Iglesia llegaron a ponerse de acuerdo sobre qué escritos serían declarados libros inspirados por Dios y serían incluidos en el Nuevo Testamento.

¿Qué dice el apóstol Pedro acerca de las cartas de Pablo que confirma su convicción de que los escritos de Pablo eran de Dios? (Observa las palabras en cursiva).

> Y recuerden que la paciencia de nuestro Señor da tiempo para que la gente sea salva. Esto es lo que nuestro amado hermano Pablo también les escribió con la sabiduría que Dios le dio, al tratar estos temas en todas sus cartas. Algunos de sus comentarios son difíciles de entender, y los que son ignorantes e inestables han tergiversado sus cartas para que signifiquen algo muy diferente, *así como lo hacen con otras partes de la Escritura*. Esto resultará en su propia destrucción (2 Pedro 3:15-16).

---

4. *Preservación*. Esto responde a la pregunta: "¿Cómo podemos estar seguros de que la Palabra de Dios revelada e inspirada, que fue reconocida como auténtica por la Iglesia primitiva, ha sido transmitida hasta nosotros hoy sin ninguna pérdida de material o significado?".

Veamos la promesa que Dios hizo con respecto a su Palabra:

La hierba se seca y las flores se marchitan, pero la palabra de nuestro Dios permanece para siempre (Isaías 40:8).

_____

_____

_____

¿Qué otra promesa hace Dios que tiene que ver con la coherencia de su Palabra?

Lo mismo sucede con mi palabra. La envío y siempre produce fruto; logrará todo lo que yo quiero, y prosperará en todos los lugares donde yo la envíe (Isaías 55:11).

_____

_____

_____

5. *Transmisión*. Esto tiene que ver con la traducción de la Biblia a diferentes idiomas. El Antiguo Testamento fue escrito originalmente en hebreo y arameo, y el Nuevo Testamento, en griego. Antes de la llegada de la imprenta en el año 1450 d.C., la Biblia era copiada a mano, lo que aumentaba la posibilidad de que pudieran producirse errores. Sin embargo, los copistas que hicieron ese trabajo tenían gran reverencia por las Escrituras y fueron muy cuidadosos en su tarea. Por eso, cuando comparamos las primeras copias de la Biblia con las de hoy, podemos ver que son casi exactas.

Los estudiosos del Nuevo Testamento creen que las Biblias de hoy han preservado aproximadamente un 99,99% del texto original. Por tanto, podemos estar seguros de que las traducciones actuales sí son merecedoras del título de Palabra de Dios.

¿Estás buscando más?

¿No es estupendo saber que, al leer la Biblia, hay una probabilidad de un 99,99% de que leas las palabras exactas que escribieron sus autores originales? ¿Pero es eso todo? ¿Hay algo más que Dios quiere comunicarnos? ¿Existen nuevas verdades que Él quiere transmitir? Hay algunas personas que creen que la respuesta es sí.

Si ese es el caso, ¿deberíamos estar buscando nuevos libros para agregar a la Biblia? ¿O es posible que uno o dos libros se hayan perdido y estén flotando en algún lugar?

Cuando se trata de responder a esas preguntas, es importante tener en cuenta las siguientes advertencias que se dan la Biblia. Fíjate en lo que dicen acerca de agregar información a la Palabra de Dios o de quitar algo de ella:

> No agregues ni quites nada a estos mandatos que te doy. Simplemente obedece los mandatos del Señor tu Dios que te doy (Deuteronomio 4:2).

_____
_____
_____
_____

> Por lo tanto, asegúrate de obedecer todos los mandatos que te doy. No les agregues ni les quites nada. (Deuteronomio 12:32).

_____
_____
_____
_____

> No agregues nada a sus palabras, o podría reprenderte y ponerte al descubierto como un mentiroso. (Proverbios 30:6).

_____
_____
_____

Un libro de gran valor 67

Mira ahora los versículos siguientes, que probablemente sean los más terminantes sobre el mandato de Dios de que nada debe ser agregado a las Escrituras ni quitado de ellas:

> Yo declaro solemnemente a todos los que oyen las palabras de la profecía escritas en este libro: si alguien agrega algo a lo que está escrito aquí, Dios le agregará a esa persona las plagas que se describen en este libro. Y si alguien quita cualquiera de las palabras de este libro de profecía, Dios le quitará su parte del árbol de la vida y de la ciudad santa que se describen en este libro (Apocalipsis 22:18-19).

_____

_____

_____

_____

¿Cuán valiosa es la Biblia?

¿Recuerdas cómo empezó este capítulo? Daniel le habló a Martín sobre el valor de la Biblia. Cuando hablamos de valor, no estamos hablando de valor monetario. Más bien, estamos hablando del valor espiritual de la Biblia. Lee lo que dijo el salmista acerca del valor de la Biblia:

> Tus enseñanzas son más valiosas para mí que millones en oro y plata (Salmo 119:72).

¿Qué hace que la Biblia sea tan valiosa? Mira los siguientes versículos y escribe tus respuestas. (Si tienes problemas para averiguar las respuestas, aquí tienes las opciones: salvación, dirección, verdad, obediencia, victoria, crecimiento).

1. La Biblia es tu fuente de __*Verdad*__.

> Hazlos santos con tu verdad; enséñales tu palabra, la cual es verdad. (Juan 17:17).

2. La Biblia es tu fuente de _____.

> Jesús respondió: "Pero aún más bendito es todo el que escucha la palabra de Dios y la pone en práctica" (Lucas 11:28).

3. La Biblia es tu fuente de _____ espiritual.

> Pues todo hijo de Dios vence a este mundo de maldad, y logramos esa victoria por medio de nuestra fe (1 Juan 5:4).

4. La Biblia es tu fuente de _____ espiritual.

> Como bebés recién nacidos, deseen con ganas la leche espiritual pura para que crezcan a una experiencia plena de la salvación (1 Pedro 2:2).

5. La Biblia es tu fuente de _____.

> Pues no me avergüenzo de la Buena Noticia acerca de Cristo, porque es poder de Dios en acción para salvar a todos los que creen, a los judíos primero y también a los gentiles (Romanos 1:16).

6. La Biblia es tu fuente de _____.

> Tu palabra es una lámpara que guía mis pies y una luz para mi camino (Salmo 119:105).

UN MENSAJE PARA TI

Estoy seguro de que has oído hablar de esos libros de historietas inéditos que se venden en subastas a precios muy altos. Pero, ¿valen de verdad tanto? ¿Un cuento de ficción o de fantasía tiene realmente el tipo de valor que encontramos en la Biblia? Lamentablemente, muchos cristianos no muestran demasiado interés en la Biblia. No la valoran como deberían.

¿Cuánto valoras tu Biblia? ¿Tus intereses se inclinan más hacia los libros de historietas? ¿O es tu aprecio por la Biblia parecido al del hombre de la parábola del tesoro escondido que contó Jesús? Este hombre encontró un tesoro escondido en un campo y vendió todo lo que tenía para comprarlo y reclamar ese tesoro (Mateo 13:44). ¿Cuál era ese "tesoro escondido" que este hombre quería tanto? Según la parábola, era el reino de los cielos. En otras palabras, las cosas de Dios valen mucho más que las cosas de este mundo.

Puede que sea difícil enfrentar una pregunta tan profunda, pero ya estás entrando en la etapa en la que comenzarás a tomar decisiones importantes. Y esta es una de ellas: ¿Vas a elegir tomar tu Biblia, leerla, aprender a estudiarla y, lo más importante, aplicarla en tu vida? ¿O vas a decidir ver la Biblia como un libro que no puedes entender y del que puedes prescindir y, por tanto, optarás por ignorarla? ¿Qué elegirás?

Dios no te está pidiendo que vendas ni todas ni algunas de tus posesiones. Solo te está pidiendo que le des tu vida y dediques tiempo a conocerlo a Él y su plan para tu vida, y eso se logra mediante la lectura y el estudio de su Palabra.

De nuevo, ¿qué vas a elegir?

Jim Elliot, un misionero que se convirtió en mártir antes de cumplir los treinta años, lo expresó muy bien:

> No es tonto el que da lo que no puede conservar
> para ganar lo que no puede perder.

La Biblia contiene las palabras de vida, pero tienes que abrirla para saber cuáles son.

LO QUE OTROS HAN DICHO SOBRE LA BIBLIA

*La Biblia es mucho más valiosa que todos
los demás libros que se han impreso.*

PATRICK HENRY

Primer gobernador del estado de Virginia, famoso por
el dicho: "Dame la libertad o dame la muerte".

6

¿Qué ves?

Hijo mío, presta atención a lo que digo y atesora mis mandatos.
Afina tus oídos a la sabiduría y concéntrate en el entendimiento.
Clama por inteligencia y pide entendimiento.
Búscalos como si fueran plata, como si fueran tesoros escondidos.
Entonces comprenderás lo que significa temer al SEÑOR
y obtendrás conocimiento de Dios.

PROVERBIOS 2:1-5

Cuando Martín se disponía a entrar en la oficina del pastor Daniel para continuar con la misión que habían emprendido juntos para entender la Biblia, Daniel le dijo:

—Hola, Martín, detente allí donde estás. Quiero llevarte al estacionamiento de la iglesia.

Con una expresión perpleja en su rostro, Martín obedeció. Se dio la vuelta y acompañó a Daniel al estacionamiento.

Se detuvieron en el centro de la propiedad y Martín aún no podía entender lo que Daniel tenía en mente. Después de una breve pausa, Daniel preguntó:

—¿Qué ves, Martín?

—¿Qué quieres decir? —respondió Martín.

Daniel hizo un gesto amplio con los brazos y le dijo:

—Mira a tu alrededor y dime lo que ves.

—Pues, bien, veo coches estacionados, asfalto, el edificio de la iglesia y los vehículos que pasan por la calle enfrente del templo —dijo Martín.

—¿Puedes ser más específico? —dijo Daniel.

Al darse cuenta de la mirada interrogativa de Martín, Daniel explicó:

—¿Cuáles son las marcas, modelos y colores de los coches? ¿Cómo describirías el edificio de la iglesia? ¿Qué tiempo hace?

Antes de que Martín pudiera responder, Daniel añadió:

—Este es un primer paso muy importante en la comprensión de la Biblia: mirar más allá de la superficie y ser específico. Eso se llama *observación*. El propósito de la observación es responder a las preguntas: "¿Qué dice?" y "¿Qué es lo que veo?".

Aprendamos a mirar

Daniel agarró a Martín desprevenido. Logró que se diera cuenta de que no estaba observando los detalles de lo que tenía en frente. Esto se debe a que Martín no les estaba prestando mucha atención.

Eso le sucede a mucha gente. De hecho, ese es el problema con el que se enfrenta la policía cuando pide a los testigos que expliquen qué sucedió en la escena de un crimen o accidente. Puede que los testigos hayan visto lo que pasó, pero no estaban observando de cerca los detalles de lo sucedido. Entonces, cuando la policía entrevista a los testigos, a menudo termina recibiendo diferentes testimonios de un mismo suceso.

¿Qué clase de observador eres tú? Ser bueno en observación requiere entrenamiento. En el caso de la policía, el FBI o la CIA, eso significa buscar lo que es diferente, inusual, anormal o lo que está fuera de lugar. Cuando se trata de la Biblia, eso implica hacer algo más que tan solo leer las palabras. Requiere que dediques tiempo a entender lo que se dice.

Si deseas obtener más provecho de la Biblia, es importante que seas un buen observador. Para empezar, debes saber que hay básicamente dos tipos de observación:

Observación sobrenatural. Este tipo de observación solo puede tenerlo un cristiano. Como ya hemos aprendido, la persona "que no tiene el Espíritu" no puede entender las cosas de Dios (1 Corintios 2:14-15, nvi). Una persona sin Dios no puede entender las cosas de Dios. Espero que seas un creyente en Cristo y ya cuentes con el beneficio del don de discernimiento espiritual de Dios a través del Espíritu Santo.

Observación natural. A diferencia de la observación sobrenatural, la observación natural se puede aprender, desarrollar y mejorar. Al igual que un policía está entrenado en cómo y qué observar, tú puedes aprender lo que debes buscar a medida que lees la Biblia. Así que vamos a empezar con el simple proceso de aprender a leer la Biblia.

Cómo leer la Biblia

En lo que se refiere a una buena observación, no estamos hablando de la simple mecánica de la lectura de las palabras mismas; más bien, estamos hablando de leer para comprender. Permíteme darte algunas sugerencias que te ayudarán a aumentar tu comprensión de la Biblia a medida que la leas.

1. *Elije una traducción que puedas entender.* No hemos hablado todavía sobre traducciones de la Biblia, pero hay muchas buenas traducciones modernas que se pueden utilizar sin tener que tropezar con términos difíciles ni lenguaje arcaico.

2. *No trates de leer la Biblia lo más rápido que puedas.* Lee a tu ritmo normal o incluso más lento. No leas solo para ver cuán rápido puedes pasar las páginas o acabar con la lectura. Lee de manera que recuerdes lo que está en la página. Lee para cambiar tu vida. Lee para encontrar palabras de sabiduría y ánimo. Lee para alcanzar una mejor comprensión. Lee para que mañana, o tal vez incluso dentro de un año, recuerdes lo que has leído hoy. Sé un lector reflexivo y no uno que solo lee las palabras sin pensar en su significado.

3. *Lee con un bolígrafo o lápiz en la mano.* Subraya pasajes o palabras que te parecen importantes. Si no entiendes algo, no dudes en poner un signo de interrogación allí al lado para que puedas investigar sobre el tema más tarde. Escribe un signo de exclamación

en el margen si algo te entusiasma o dibuja una estrella junto a versículos que quieres recordar o leer de nuevo. No te preocupes por si dejas marcas en la Biblia. No es la tinta y el papel físico lo que es sagrado, sino el mensaje de Dios. Dios quiere que entiendas bien la Biblia, así que haz todas las marcas que sean necesarias. Subraya o rodea con un círculo las palabras o frases clave. Escribe notas en los márgenes. Toda tu interacción con un bolígrafo o un lápiz te ayudará a captar mejor el mensaje de Dios para ti.

Grandes estudiosos de la Biblia, maestros, escritores, y pastores como C. H. Spurgeon, Dwight L. Moody, C. I. Scofield, y C. S. Lewis escribieron notas en sus Biblias. Eso explica en parte cómo llegaron a conocer la Biblia tan bien. ¡Quién sabe si tal vez tú seas el próximo Dwight L. Moody!

4. *Siempre que leas versículos de la Biblia, ten en cuenta los pasajes que los enmarcan.* Fíjate en lo que pasó en la sección anterior al pasaje que estás leyendo. En otras palabras, obtén una visión panorámica. Si tienes una Biblia de estudio, lee las notas explicativas y los comentarios que se encuentran en los márgenes o en la parte inferior de la página. Si el libro de la Biblia que estás leyendo contiene una introducción, léela. Saber más sobre el trasfondo y el panorama general te dará pistas sobre lo que está pensando el autor y lo que quiere que sepas como resultado de tu lectura.

5. *Usa un diccionario para buscar las palabras que no entiendas.* O utiliza tu teléfono celular o una computadora para revisar las palabras que no estás seguro de entender. Eso va a enriquecer tu vocabulario y te ayudará a comprender mejor lo que estás leyendo.

6. *Detente al final de cada párrafo y piensa en cuál es la idea principal.* Toma solo unos segundos preguntarse: "¿De qué trataba este párrafo?". Luego, a medida que vayas conectando un párrafo con otro y vayas determinando el tema de cada uno, alcanzarás una mejor comprensión del mensaje central del pasaje que estás leyendo.

La acción de observar

La observación es el acto y la práctica de fijarse en aquellos hechos o acontecimientos y luego registrarlos, ya sea mentalmente o en papel. ¿Qué requiere la observación?

La observación requiere concentración. No es posible ver la televisión y leer la Biblia al mismo tiempo sin perderse de algo. Por eso, necesitas tener un momento de quietud para la lectura de la Biblia. La mayor parte de tu día lo vas a emplear con gente en tu escuela, tu familia y en diversas actividades. Vas a estar bombardeado todo el día con diferentes imágenes y sonidos. Pero no dejes que esas cosas colmen tu tiempo con Dios. Dedica tiempo para estar a solas con Él y su Palabra antes de comenzar con tus demás actividades del día. Tómate el tiempo para enfocarte y concentrarte en lo que Dios te dice mientras lees su Palabra.

La observación requiere hacer las preguntas correctas. Un periodista es alguien que reúne hechos e información para escribir reportajes o artículos para el periódico. Si te matriculas en una clase de periodismo en la escuela, tu profesor probablemente te envíe "a la calle" para informar sobre un evento en la escuela o en el área local. Según vayas haciendo la investigación necesaria para crear tu reportaje, deberás hacer preguntas como estas: ¿Quién? ¿Dónde? ¿Cuándo? ¿Qué?

Lee Marcos 1:29-31 en la Biblia y usa esas mismas preguntas para practicar la observación:

Pregunta 1: ¿Quién?

¿Quiénes son las personas que se mencionan en este párrafo? Toma nota de todas.

_____

_____

_____

¿Qué se dice sobre estas personas?

___

Pregunta 2: ¿Dónde?

¿Dónde ocurren estos hechos? Anota toda la información descriptiva.

___

¿Qué lugares se mencionan?

___

Pregunta 3: ¿Cuándo?

¿Cuándo ocurren estos hechos? Anota todas las referencias al tiempo.

___

Toma nota de las referencias al tiempo, hora del día o época.

___

Pregunta 4: ¿Qué?

¿Qué es lo que sucede en este párrafo?

¿Cuál es la enseñanza en este párrafo? ¿Por qué crees que Dios quiso que esta información estuviera en la Biblia y fuera preservada para siempre?

Aquí tienes algunos ejemplos de cómo responder a esa pregunta:

¿Es un milagro?	¿Qué está sucediendo?
¿Es una parábola?	¿Cuál es la enseñanza?
¿Es un argumento?	¿Cómo va progresando?
¿Es un sermón?	¿Cuál es el mensaje del sermón?

Ahora que ya captas la idea, sigue adelante y prueba plantearte esa serie de preguntas con otro pasaje de la Biblia. Lee Marcos 1:32-35 y responde a las siguientes preguntas:

¿Quién?

¿Qué?

¿Dónde?

¿Cuándo?

¿Por qué hacer preguntas?

¿Estás pensando en que no parece tener sentido hacer tantas preguntas a medida que lees la Biblia? ¿Sientes como que todo lo que estás haciendo es hablar contigo mismo? A primera vista, puedes sentir que es una pérdida de tiempo hacer preguntas que parecen ser obvias. Pero después de haber hecho esto por un tiempo, descubrirás que estás aprendiendo mucho. Recordarás lo que dice la Biblia y eso hará que te sea más fácil poner en práctica sus lecciones en tu vida.

El propósito principal de hacer preguntas es ayudarte a pensar más seria e inteligentemente sobre el sentido y el significado de las palabras, las frases, las cláusulas, las oraciones, los párrafos, los capítulos y los libros de la Biblia. Tienes la oportunidad de hacer preguntas a un autor que vivió hace miles de años para poder determinar cuál fue el mensaje que intentó comunicar a sus lectores y qué significado tiene para ti hoy.

Por ejemplo, echemos un vistazo a Santiago 3:6. Se cree que el libro de Santiago fue el primero en escribirse de los libros del Nuevo Testamento. Además, Santiago 3:6 es un versículo muy interesante:

> De todas las partes del cuerpo, la lengua es una llama de fuego. Es un mundo entero de maldad que corrompe todo el cuerpo. Puede incendiar toda la vida, porque el infierno mismo la enciende.

Ahora, ¿cuáles son algunas de las preguntas que podrías hacer a Santiago, el autor, acerca de su declaración: "la lengua es una llama de fuego"? Hazlas y busca tantas respuestas como sea posible:

"Santiago, ¿es esta una declaración literal? ¿Estás diciendo que la lengua es literalmente una llama de fuego?".

"¿Estás hablando de la lengua como fuego en un sentido figurativo, como una metáfora?". (Las metáforas establecen comparaciones y a veces usan la palabra *como*, por ejemplo, la lengua es *como* el fuego).

"¿Cómo puede la lengua de una persona tener el mismo efecto que una arrasadora llama de fuego?".

_____
_____
_____

Probablemente haya más de un joven en tu escuela que usa su lengua como arma de destrucción. Por medio de las palabras que dice, hace daño a otras personas, las humilla o las ridiculiza. ¿Cómo podrías aplicar el mensaje de Santiago 3:6 a tu vida?

_____
_____
_____
_____

Presta atención a los datos relevantes

Volvamos a tu tarea asignada como reportero. Para hacer una buena observación, no alcanza con preguntar solamente sobre los hechos, los personajes, el tiempo y el lugar. Como reportero en un suceso, debes buscar información adicional. Por ejemplo, ¿todas las personas que son testigos del suceso lo describen de la misma manera? ¿Se repiten ciertas declaraciones una y otra vez? Al leer la

Biblia, debes hacer una investigación similar. En ella, las repeticiones también pueden tener un significado especial.

Entonces, ¿en qué debes fijarte?

1. *Fíjate en los términos, no en las palabras.* Quizá preguntes: "¿Cuál es la diferencia?". Las palabras pueden tener muchos significados. Por ejemplo, considera la palabra *tronco*. Puede significar varias cosas diferentes. Escribe tantos de esos significados como se te ocurran. He comenzado por darte un ejemplo:

Tronco de árbol

_____

_____

¿Cuáles son algunas formas diferentes en que se puede usar la palabra *costa*?

_____

_____

Ahora estamos listos para descubrir lo que es un *término*. A diferencia de una palabra, un término tiene solamente un significado porque es parte de un grupo de palabras. En la frase "El roble tiene un tronco enorme", el término *tronco* tiene un solo significado. El tronco es la base que sostiene al roble. Del mismo modo, cuando leas una frase o un párrafo en la Biblia, busca identificar el significado único que tiene cada una de las palabras. Eso hará que la Biblia te resulte más clara.

2. *Fíjate en la estructura.* La unidad estructural básica de la mayoría de los escritos es el párrafo, que debe contener un pensamiento completo. Imaginemos que un autor escribe sobre la variedad de peces en el océano. Lo normal sería que no describa las tortugas marinas en el mismo párrafo que el pez espada. Por ello,

cuando un autor pasa a otro párrafo, suele cambiar de tema, en este caso, pasa de las tortugas marinas al pez espada.

Lee Marcos 1:29-34 y observa lo que sucede a medida que avanzas de un párrafo al siguiente.

¿Cuál es el tema del párrafo en Marcos 1:29-31?

_____
_____
_____

¿Cuál es el tema del párrafo en Marcos 1:32-34?

_____
_____
_____

También hay otras cosas en que puedes fijarte en un párrafo o una sección. Por ejemplo:

Asuntos que se recalcan. Lee rápidamente estos dos capítulos en el Nuevo Testamento y escribe tus respuestas:

En una o dos palabras, ¿qué se enfatiza en 1 Corintios 13?

_____

En una o dos palabras, ¿qué se recalca en Hebreos 11?

_____

Asuntos que se repiten. Como pudiste ver al leer los pasajes anteriores, el amor se nombra repetidas veces en 1 Corintios 13 y la fe se menciona varias veces en Hebreos 11.

Lee Gálatas 5. ¿Qué palabra se repite?

_____
_____

Lee el Salmo 119. Observa que casi todos los versículos de este salmo utilizan algún término para hacer referencia a la Palabra de Dios. En pocas palabras, ¿en qué asunto pone énfasis el autor de este salmo mediante la repetición?

Asuntos relacionados. Fíjate en los asuntos que están conectados o relacionados de alguna manera.

Causa y efecto. Lee Mateo 23:37-38. Jesús quería que la gente de Jerusalén lo aceptara.

¿Cómo lo recibieron las personas? (Observa la palabra "pero").

¿Cuál fue el resultado, según el versículo 38?

Preguntas y respuestas. Lee Romanos 3:1-7.

¿Qué pregunta se hace en el versículo 1?

¿Qué respuesta leemos en el versículo 2?

¿Qué se pregunta en el versículo 3?

_____

_____

¿Qué respuesta leemos en el versículo 4?

_____

_____

3. *Fíjate en los géneros literarios.* Hay diferentes clases de literatura o de escritura. Al leer la Biblia, es útil saber el género literario del pasaje en cuestión.

Prosa. Si el texto que estás leyendo es una narración o relato, se llama prosa. Marcos 1:29 y los versículos siguientes son prosa. ¿De qué trata esa historia?

_____

_____

Discurso. Si el material está compuesto de enseñanza, decimos que es un discurso. Un discurso es una presentación o exposición formal. Moisés empleó este género literario en el libro de Deuteronomio. Lee Deuteronomio 5 rápidamente. ¿De qué está hablando Moisés en este pasaje?

_____

_____

El apóstol Pablo fue un gran maestro. Analiza el capítulo 4 de Romanos. ¿Qué tema está tratando Pablo aquí?

_____

_____

Poesía. Gran parte de la poesía en la Biblia la encontramos en los libros de Salmos, Proverbios y Cantar de los Cantares.

Echa un vistazo al libro de Proverbios. ¿Cuántos capítulos hay en él? _____

Muchos maestros de la Biblia sugieren leer un capítulo de Proverbios en el día que coincida con ese día del mes. Por ejemplo, si hoy es el sexto día del mes, lees el capítulo 6 de Proverbios.

Echa un vistazo al libro de Salmos. ¿Cuántos salmos hay en este libro? _____

Los capítulos del libro de los Salmos fueron escritos por varios autores diferentes. Fíjate en los capítulos que están a continuación y menciona quién escribió cada uno de ellos.

Salmo 8: _____

Salmo 50: _____

Salmo 90: _____

El Cantar de los Cantares es una historia de amor. Según el capítulo 1, Salomón y una joven son los dos personajes principales de esta historia poética.

Parábolas. Las secciones de la Biblia que usan historias para transmitir un cierto significado o ilustrar una verdad específica se conocen como parábolas. Jesús habló a menudo en parábolas. Analiza Mateo 13 y anota uno o dos temas que Jesús ilustra mediante el uso de una parábola.

_____
_____
_____

Profecía. Las secciones de la Biblia que se ocupan de los últimos días y predicen desastres inminentes son los libros de Daniel y Apocalipsis. Lee Apocalipsis 21:1-2. ¿Qué se describe en ese pasaje?

Hagamos ahora un ejercicio. Lee Marcos 1:35-39 y practica lo que has aprendido acerca de la observación. En este pasaje, no podrás responder a todas las preguntas sobre los hechos, los personajes, el tiempo y el lugar, pero las he incluido para que veas el valor de tenerlas a mano siempre que analices un pasaje.

¿Quién?

¿Qué?

¿Dónde?

¿Cuándo?

¿Asuntos que se recalcan?

¿Asuntos que se repiten?

¿Causa y efecto (busca palabras como "si", "entonces", "así que", "pero")?

¿Asuntos similares o contrastantes?

UN MENSAJE PARA TI

Las últimas palabras de Jesús a sus discípulos fueron de instrucción con el fin de prepararlos para cuando Él ya no estuviera físicamente con ellos. Él sabía que sus discípulos necesitarían aliento cuando Él se hubiera marchado. Así que les dio seguridad diciendo: "Cuando el Padre envíe al Abogado Defensor como mi representante –es decir, al Espíritu Santo–, él les enseñara todo y les recordará cada cosa que les he dicho" (Juan 14:26). Luego agregó que "cuando venga el Espíritu de verdad, él los guiará a toda la verdad" (Juan 16:13).

Si eres cristiano, el Espíritu Santo mora en ti. Con el Espíritu como tu guía y maestro, ¿estás listo y preparado para utilizar lo que estás aprendiendo y profundizar en tu estudio de la Biblia? Confío en que tu deseo por la Palabra de Dios sea como el de Job. Él declaró: "He atesorado sus palabras más que la comida diaria" (Job 23:12).

LO QUE OTROS HAN DICHO SOBRE LA BIBLIA

*Desde hace muchos años tengo el hábito
de leer toda la Biblia una vez por año.*

JOHN QUINCY ADAMS
Sexto presidente de los Estados Unidos

7

¿Estás viéndolo todo?

Entonces Eliseo oró:
"Oh Señor, ¡abre los ojos de este joven para que vea!".
Así que el Señor abrió los ojos del joven,
y cuando levantó la vista vio que la montaña
alrededor de Eliseo estaba llena de caballos y carros de fuego.
2 Reyes 6:17

Daniel recordó lo provechosa que había sido la actividad en el estacionamiento de la iglesia la semana anterior, entonces comenzó la reunión de esta semana preguntando a Martín:

—¿Te acuerdas de lo que hablamos en el estacionamiento la semana pasada?

—Oh sí. Fue una verdadera revelación para mí —dijo Martín con una gran sonrisa en su rostro—. Lo que me enseñaste acerca de la observación me ha ayudado mucho durante mis momentos de quietud esta semana. Cuando ahora leo mi Biblia, me doy cuenta de muchas más cosas.

Martín habló de algunas observaciones que había hecho. Cuando terminó, Daniel lo felicitó por la nueva habilidad de estudio bíblico que estaba desarrollando.

—Sabes, Martín —dijo Daniel—, la observación es como hacer el papel de un detective, como una de esas escenas de investigación de delitos que se ven en la televisión. Los expertos lo examinan todo una y otra vez buscando pistas. Eso es exactamente lo que haces al observar lo que estás leyendo. Ya que has conseguido un buen comienzo, vamos a pasar a practicar una observación más minuciosa. Iremos más allá de las primeras preguntas básicas y aprenderemos a excavar más profundo en nuestra búsqueda para sacar el mayor provecho de la Biblia.

La observación requiere una actitud correcta

Lee 2 Reyes 6:14-16. El profeta Eliseo está siendo perseguido por el rey de Siria, que envió a su ejército para sitiar la ciudad donde están alojados Eliseo y su criado. El sirviente se llena de pánico cuando se da cuenta de que están rodeados por una fuerza enemiga. Le pregunta a Eliseo: "¿Qué vamos a hacer ahora?". ¿Cómo responde Eliseo y qué le pide a Dios que haga por su sirviente en el versículo 17?

_____

_____

_____

La observación es más eficaz cuando acudes a Dios y le pides ojos espirituales para ver. Si tu actitud es correcta, Dios te dará a conocer cosas maravillosas de su Palabra. Estos pasos te ayudarán a desarrollar el tipo de actitud que te permitirá ser más observador al estudiar la Biblia.

1. *Desarrolla la dependencia del Espíritu Santo.* Orar al Espíritu Santo y depender de Él es clave en todos los aspectos del estudio de la Biblia y, en especial, para la observación. A continuación de cada fragmento de las Escrituras, escribe cómo te ayuda el Espíritu para la lectura de la Biblia.

A ustedes yo les enviaré al Abogado Defensor, el Espíritu de verdad. Él vendrá del Padre y dará testimonio acerca de mí (Juan 15:26).

_____

_____

_____

Y cuando él [el Espíritu] venga, convencerá al mundo de pecado y de la justicia de Dios y del juicio que viene (Juan 16:8).

Sin embargo, cuando estoy con creyentes maduros, sí hablo con palabras de sabiduría, pero no la clase de sabiduría que pertenece a este mundo o a los gobernantes de este mundo, quienes pronto son olvidados. No, la sabiduría de la que hablamos es el misterio de Dios... Pero fue a nosotros a quienes Dios reveló esas cosas por medio de su Espíritu (1 Corintios 2:6-7,10).

Dejen que el Espíritu Santo los guíe en la vida. Entonces no se dejarán llevar por los impulsos de la naturaleza pecaminosa (Gálatas 5:16).

Pido en oración que, de sus gloriosos e inagotables recursos, los fortalezca con poder en el ser interior por medio de su Espíritu (Efesios 3:16).

Cuando venga el Espíritu de verdad, él los guiará a toda la verdad (Juan 16:13).

_____

_____

_____

¿Te das cuenta de por qué es tan importante acercarse a la Palabra de Dios con un corazón puro y una actitud correcta? Necesitas toda la ayuda que puedas obtener cuando se trata de entender las verdades espirituales de la Palabra de Dios. Necesitas que el Espíritu obre en tu corazón a medida que lees. Eso solo ocurre cuando dependes totalmente del Espíritu.

2. *Cultiva la voluntad de obedecer*. Durante tus momentos de quietud en la Palabra de Dios, aborda el texto con el deseo de someterte a la guía del Espíritu, cualquiera que sea el costo. Esto es importante porque, cuando te opones a la dirección del Espíritu, dejas de crecer espiritualmente. Debes acercarte a la Biblia con el deseo de aprender y de obedecer lo que hayas aprendido.

3. *Prepárate para ser paciente*. Hoy todo el mundo quiere resultados inmediatos. Pero el verdadero aprendizaje requiere tiempo. No hay atajos en el proceso de observación. En el estudio personal de la Biblia, así como en todo lo demás en la vida cristiana, el proceso de estudio diligente es tan importante como el producto final, tu crecimiento espiritual.

4. *Cultiva la mentalidad de un escriba*. En la Biblia leemos acerca de personas llamadas *escribas*. Su trabajo consistía en registrar cuidadosamente lo que decía la gente, o poner sobre el papel lo que leían u observaban. Al leer la Biblia, eso es lo que tienes que hacer. Si no anotas tus observaciones, las olvidarás rápidamente. Así que ten a mano un cuaderno, un archivo en tu computadora o una lista en tu teléfono celular donde puedas dejar constancia de lo que observes y aprendas mientras estás leyendo. De ese modo, podrás consultar esa información en el futuro y tendrás un registro

de tus descubrimientos de las verdades de Dios y una constancia de tu crecimiento espiritual.

Para escribir este libro, repasé las notas de observaciones que hice hace más de 20 años. Si dedicas valioso tiempo a observar y descubrir verdades de la Palabra, también vale la pena que inviertas tiempo en anotarlas. Por desgracia, si haces una observación mental y no la dejas registrada, pronto la olvidarás. No desaproveches tu esfuerzo recurriendo a apuntes mentales que pueden ser fácilmente olvidados. Anota tus observaciones en papel para que nunca las pierdas.

La observación analiza la estructura

Cuando observas el contenido de un pasaje de la Biblia, tienes que prestar atención a la forma o estructura que tiene. El escritor de una sección de las Escrituras puede comunicarse en varias formas diferentes. En consecuencia, es necesario reconocer y observar cada una de ellas. Veamos algunas de las maneras diferentes en que los autores de las Escrituras comunicaron la verdad de Dios. Esta información no será completamente nueva para ti, pero ahora vamos a profundizar un poco más.

1. *Enseñanza.* Jesús usó este estilo en el famoso Sermón del Monte, que aparece en Mateo 5–7. Lee Mateo 5:1-10. ¿Qué técnica de enseñanza usó Jesús en estos versículos? (Una pista: busca palabras repetidas).

_____

_____

El apóstol Pablo también escribió la carta a los Romanos en un estilo didáctico. Pablo a menudo utiliza la técnica de enseñanza de preguntas y respuestas. ¿Cuál fue la pregunta de Pablo en Romanos 3:1?

_____

_____

2. *Narraciones*. Hay grandes partes de la Biblia que son narraciones, es decir, que simplemente cuentan la historia de lo que les pasó a varios personajes o naciones. Muchas de las secciones históricas del Antiguo y del Nuevo Testamento (por ejemplo, la que va del Génesis a Ester y la mayor parte de los Evangelios y Hechos en el Nuevo Testamento) son narraciones. Lo bueno de las narraciones es que no hay que buscar significados ocultos. Las preguntas básicas sobre los hechos, los personajes, el tiempo y el lugar son útiles para entender el flujo de los relatos que se encuentran en la Palabra de Dios.

Lee Hechos 1:4-5 y observa la historia. Además, echa un vistazo a los versículos 1-3 y 6-9 para ver el contexto, es decir, lo que está antes y después de los versículos 4-5. Esto te ayudará a responder las preguntas.

¿Quién?

¿Cuándo?

¿Dónde?

¿Qué?

_____
_____
_____

3. *Parábolas*. Jesús usó las parábolas con frecuencia como una manera eficaz de impartir verdades espirituales importantes. Jesús hablaba de actividades comunes con las que todos estaban familiarizados (por ejemplo, sembrar grano en un campo) y las relacionaba con una verdad espiritual clave.

El secreto en la observación de las parábolas está en descubrir la enseñanza principal y no permitir que los muchos detalles de la parábola confundan el significado. Con las parábolas, un error común es intentar observar demasiado. En vez de eso, tienes que buscar la verdad principal.

Lee Marcos 4:30-32 e indica la enseñanza de esa parábola. (Te doy una pista: describe algo sobre "el reino de Dios").

_____
_____
_____
_____

4. *Profecía*. Este tipo de literatura tiene que ver con eventos futuros. Gran parte de los libros de Daniel y Apocalipsis contienen material profético. Hay otras secciones proféticas en otros libros de la Biblia, especialmente los profetas menores. En muchos casos, el escritor que predice un evento futuro también describirá la forma en que se cumplirá.

A veces, las profecías tienen dos partes: una parte que se cumplirá en el futuro cercano y otra que se cumplirá en el futuro lejano.

Lee Isaías 61:1-2. Luego lee Lucas 4:16-21. ¿Qué dijo Jesús en Lucas 4 acerca de la profecía de Isaías? Además, ¿qué dejó fuera Jesús de la profecía de Isaías, que predice lo que ocurrirá en algún momento en el futuro?

5. *Literatura sapiencial.* En Proverbios y en algunas partes de los Salmos encontramos consejos prácticos para la vida y para la toma de decisiones. Los proverbios son breves declaraciones de sabiduría sobre cuestiones de la vida diaria. Si los escribieran hoy, serían llamados "tweets". Una buena pregunta para hacerse al leer un proverbio es "¿Qué nos enseña este proverbio acerca de la vida?".

¿Qué nos dice el siguiente proverbio acerca de una persona que escucha, aprende y discierne?

> Que el sabio escuche estos proverbios y se haga aún más sabio. Que los que tienen entendimiento reciban dirección (Proverbios 1:5).

Los salmos se ocupan sobre todo de nuestra relación con Dios. Una buena pregunta para hacerse al leer un salmo es "¿Qué me enseña este salmo acerca de mi relación con Dios?".

¿Qué dicen los siguientes versículos del Salmo 5 acerca de Dios y de su trato con la humanidad?

> Oh Dios, la maldad no te agrada; no puedes tolerar los pecados de los malvados. Por lo tanto, los orgullosos no pueden estar en tu presencia, porque aborreces a todo el que hace lo malo. Destruirás a los que dicen mentiras; el Señor detesta a los asesinos y a los engañadores (Salmo 5:4-6).

La observación presta atención a las palabras clave

1. *Visualiza los verbos.* Mientras observas un pasaje de la Biblia, es bueno tratar de discernir las acciones que ocurren en él. En gramática, las acciones se expresan mediante los verbos. Una buena manera de seguir la acción es subrayar todos los verbos en el pasaje que estás estudiando. Luego, observa qué tipo de acciones están describiendo esos verbos. Por ejemplo, los verbos activos indican que el sujeto es el que realiza la acción.

En el versículo que está a continuación, subraya las acciones que el apóstol Pablo lleva a cabo con el fin de ser más disciplinado:

> Por eso yo corro cada paso con propósito. No solo doy golpes al aire. Disciplino mi cuerpo como lo hace un atleta, lo entreno para que haga lo que debe hacer. De lo contrario, temo que, después de predicarles a otros, yo mismo quede descalificado (1 Corintios 9:26-27).

En tus propias palabras, ¿qué tipo de acciones describen los verbos? Es decir, ¿ves que Pablo lleva a cabo la acción o que él recibe la acción?

_____

_____

_____

Los verbos en voz pasiva muestran a un sujeto que recibe la acción. Haz el siguiente ejercicio:

Mediante su divino poder, Dios nos ha dado todo lo que necesitamos para llevar una vida de rectitud (2 Pedro 1:3).

¿Quién está realizando la acción que se describe en 2 Pedro 1:3?

_____

¿Quién está recibiendo la acción?

_____

¿Cuál es el resultado?

Algunos verbos expresan órdenes dadas por Dios o por el escritor, que habla en nombre de Dios. ¿Qué mandato aparece en 2 Pedro 3:18?

En cambio, crezcan en la gracia y el conocimiento de nuestro Señor y Salvador Jesucristo.

2. *Imagina las ilustraciones*. Piensa en un libro entretenido que hayas leído hace poco tiempo. ¿Por qué te gustó? ¿Por las descripciones e ilustraciones que usó el autor? Probablemente no te hayas puesto a pensarlo, pero muchos de los escritores que Dios usó para darnos su Palabra emplearon imágenes verbales.

Jesús usó a menudo ilustraciones como imágenes para sus oyentes. Lee Mateo 7:24-27 en tu Biblia. ¿Qué ilustración utilizó Jesús para describir a una persona "sabia" que sigue su enseñanza?

¿Cómo describe Jesús a la persona que no escucha (versículos 26-27)?

3. *Concéntrate en los conectores*. Las palabras se ensartan como perlas en un hilo con lo que se conoce como *conectores*. Se trata de palabras o expresiones que conectan frases, oraciones y párrafos. Debido a la gran importancia que tienen los conectores, aquí tienes una lista de algunos de ellos junto con un versículo que los incluye. Es posible que la traducción que usé (NTV) no tenga exactamente los mismos conectores que encontrarás en tu Biblia, pero creo que podrás entender la idea sin dificultad.

Conectores temporales o cronológicos que indican tiempo:

    después (Apocalipsis 11:11)
    cuando (Hechos 16:16)
    aun antes (Juan 8:58)
    ahora (Lucas 16:25)
    luego (1 Tesalonicenses 4:17)
    hasta (Marcos 14:25)
    entre tanto (Hechos 8:40)
    mientras (Marcos 14:43)
    ya (Hebreos 6:20)

Conectores lógicos. Estos conectores se encuentran normalmente en los textos de enseñanza, como el libro de Romanos. Ayudan a la progresión de la enseñanza básicamente de la misma manera que un abogado edifica su argumento punto por punto ante un jurado.

Razón
    por eso (Romanos 2:5)
    pues (Romanos 1:11)
    porque (1 Corintios 3:3)

Resultado
    por consiguiente (1 Pedro 4:7)
    entonces (Romanos 3:5)
    por lo tanto (1 Corintios 15:58). (Este conector es clave y se utiliza a menudo para introducir un resumen de las

ideas. Por lo general, tiene que ver con la frase, el párrafo o el pasaje anterior).

Propósito
a fin de que (Romanos 1:5)

Contraste
en cambio (Romanos 1:21)
pero (Romanos 2:8)
pero aún más (Romanos 5:15)
sin embargo (1 Corintios 10:5)
aunque (Romanos 2:14)
no obstante (Hechos 14:18)
a pesar de que (Romanos 4:19)

Comparación
tal como (Romanos 1:13)
al igual que (1 Corintios 15:49)
del mismo modo (Romanos 14:5)
como si (1 Corintios 3:1)
también (Romanos 4:6)

Serie de hechos
y (Romanos 2:19)
bien saben (1 Timoteo 2:1)
por último (1 Corintios 15:8)

Conectores enfáticos. Estos se añaden para señalar un punto importante o para mostrar énfasis.

por supuesto (Romanos 10:18)
ciertamente (1 Corintios 9:2)

Espero que estas herramientas prácticas te ayuden a progresar en tu conocimiento y comprensión de la Biblia. Nunca te desanimes. Simplemente disfruta explorando tu Biblia y los muchos mensajes que Dios tiene para ti a medida que creces en el conocimiento de Él y lo sigues con todo tu corazón.

> ## UN MENSAJE PARA TI
>
> La observación no es una tarea ligera y como cualquier habilidad, se necesita tiempo para desarrollarla. No se aprende a jugar al fútbol ni a andar en patineta en el primer intento. Se requiere mucha práctica. Y lo mismo sucede con la observación.
>
> La Biblia es un don inestimable de Dios y es "útil" (2 Timoteo 3:16). ¿Cuáles de tus actividades diarias considerarías "útiles"? Probablemente, algunas no sean tan útiles. Pero cuando lees y estudias la Biblia, puedes estar seguro de que esa actividad y el tiempo empleado en ella son "útiles", es decir, que valen la pena, son provechosos y son productivos.
>
> Tu vida es valiosa para Dios. Él te ha creado y, porque eres su hijo, ha reservado grandes cosas y un gran propósito para ti. Tu tarea consiste en abrir la Biblia y dejar que Él te revele su plan para ti.

LO QUE OTROS HAN DICHO SOBRE LA BIBLIA

La lectura de la Biblia es una educación en sí misma.

LORD TENNYSON
Poeta laureado del Reino Unido

8

¿Qué significa?

Esfuérzate para poder presentarte delante de Dios y recibir su aprobación. Sé un buen obrero, alguien que no tiene de qué avergonzarse y que explica correctamente la palabra de verdad.
2 Timoteo 2:15

Después de repasar la lección de la semana anterior, Daniel preguntó a Martín:

—¿Recuerdas lo que dije hace unas semanas acerca de los diferentes pasos que debes seguir para entender la Biblia?

Martín se rascó la cabeza y, con voz vacilante, dijo:

—Uh, observación… interpretación… y… no, no me lo digas. Ya lo tengo… ah, sí, la aplicación.

Martín estaba orgulloso de sí mismo y con justa razón.

—Felicitaciones —dijo Daniel—. Ahora ya sabes lo esencial sobre cómo estudiar la Biblia. Ha llegado el momento de dar el siguiente paso después de la observación, o de responder a la pregunta "¿Qué veo?". Vamos ahora a lidiar con la pregunta: "¿Qué quiere decir?".

Daniel continuó preguntando:

—No sabes inglés, ¿no es cierto?

—Martín negó con la cabeza.

Daniel dijo:

—Si no sabes inglés, ¿cómo harías para entender a alguien que está hablando en ese idioma?

—Pues necesitaré un intérprete, alguien que me explique lo que esa persona estaba diciendo —dijo Martín.

—Así es, —respondió Daniel—, y de eso trata el siguiente paso, que es la interpretación. Consiste sencillamente en encontrar el sentido claro y llano de un texto de la Biblia.

El sentido claro y llano

Daniel pensó por un momento acerca de cómo describir eso de "sentido claro y llano" y, en un arranque de inspiración, preguntó: "Martín, ¿has leído alguno de los libros juveniles clásicos como *La isla del tesoro*? La razón por la que menciono esos libros se debe a la naturaleza de sus relatos. Al leerlos, uno debe identificar su significado claro y llano. Los autores no insertaron significados ocultos o místicos en sus libros. Esa es la manera en que debes leer y estudiar la Biblia, buscando el significado claro y llano.

Y es cierto. Un buen intérprete no anda buscando algún sentido único o escondido en un pasaje de las Escrituras. De hecho, las interpretaciones que son nuevas o ingeniosas suelen ser incorrectas.

Un ejemplo de una interpretación errónea es el uso de versículos de la Biblia para predecir el regreso de Jesús. Durante los últimos 2000 años, muchos han afirmado haber descifrado la fecha del regreso de Jesús; sin embargo, hasta el momento, nadie ha estado en lo cierto. Y lo más sorprendente es que Jesús mismo advirtió: "Nadie sabe ni el día ni la hora en que sucederán estas cosas, ni siquiera los ángeles en el cielo" (Marcos 13:32). El mensaje es que no debemos buscar algún enfoque ingenioso o algún significado oculto en un versículo o texto.

También hay muchas personas que tratan de hacer que la Biblia apoye sus propias opiniones. Por ejemplo, hay personas que dicen que las 144.000 almas de Apocalipsis 14 son personas seleccionadas de su propio grupo religioso. Esas personas no creen en el significado claro y sencillo de Apocalipsis 7, que dice que estos 144.000 son evangelistas judíos que ministran durante la gran tribulación.

Tu tarea como un buen intérprete es asegurarte de que tu interpretación de la Palabra de Dios tenga sentido y no se contradiga con otros versículos de la Biblia. Y no estás solo al hacer esa tarea, pues Dios te ha dado la ayuda del Espíritu Santo, quien te ilumina para que entiendas su Palabra (Juan 14:26).

Tal vez estés pensando: *Si interpretar un texto es simplemente encontrar su significado claro y llano, ¿por qué interpretar? ¿Por qué no sencillamente leer? ¿No podemos encontrar ese significado mediante la lectura?*

En cierto sentido, tienes razón. Pero, a decir verdad, al leer la Biblia, te enfrentas a un libro que fue escrito hace miles de años en una cultura diferente. Hay dos factores que debes tener en cuenta al buscar el significado claro y llano.

Factor 1: Considera la intención original del autor o la razón del escrito. Al leer la Biblia, la mayoría de nosotros suponemos que nuestro entendimiento está en línea con lo que el Espíritu Santo está diciendo o con la meta del autor humano. Nos cuesta impedir que nuestras experiencias e influencias culturales se filtren en la interpretación del texto. A veces, aunque sea sin intención, nuestro trasfondo nos desvía o nos hace leer ideas incorrectas en el texto.

Por ejemplo, piensa en la palabra "cruz" como aparece en Mateo 16:24. ¿Qué crees que Jesús quiso decir con la siguiente afirmación?

> Jesús dijo a sus discípulos: "Si alguno de ustedes quiere ser mi seguidor, tiene que abandonar su manera egoísta de vivir, tomar su cruz y seguirme".

Cuando la gente en nuestra cultura lee la palabra *cruz*, a menudo piensan en una pieza de joyería en forma de cruz. ¿Pero es eso lo habrán imaginado los que escucharon las palabras de Jesús hace 2000 años?

En el primer siglo, cuando Jesús hablaba acerca de la cruz, probablemente la palabra haya evocado la imagen impactante de una forma violenta y humillante de tortura y muerte que los antiguos romanos habían practicado hasta volverse expertos. La cruz era un instrumento de vergüenza. Solo los delincuentes comunes o esclavos fugitivos eran sometidos a esta forma de muerte.

Así que volvamos a nuestra pregunta: ¿Qué habrán pensado los oyentes de Jesús cuando Él les dijo que, a fin de seguirle, tendrían que tomar su cruz? Es probable que se dieran cuenta de que seguir a Jesús significaba estar dispuestos a convertirse en marginados, despreciados y tal vez, incluso, sufrir una muerte espantosa.

A partir de esta interpretación, podrías llegar a esta aplicación: ¿Hasta dónde estoy yo dispuesto a llegar a fin de seguir a Jesús? ¿Estoy dispuesto a seguirlo hasta el punto de la muerte?

Escribe una breve declaración sobre el nivel de tu compromiso de seguir a Jesús:

_____
_____
_____

Factor 2: Considera la naturaleza de las Escrituras. Debido a que la Biblia es la Palabra de Dios, tiene relevancia eterna, pues habla a todas las personas, para todos los tiempos, en todas las culturas y está respaldada por la autoridad de Dios.

Al mismo tiempo, Dios escogió comunicar su Palabra a través de seres humanos que dejaron constancia escrita de lo que Él dijo. Las palabras que Dios dijo eran para la gente que vivía en ese momento, lo que los hace históricamente relevantes. Y sus palabras también son para nosotros hoy, lo que significa que tu tarea, al leer y estudiar la Biblia, implica dos niveles de pensamiento:

- Primero, debes tratar de entender la Palabra de Dios de la manera que los lectores originales la entendieron. Debes determinar lo que se dijo a los oyentes originales en aquel tiempo y lugar.

- Segundo, debes tratar de entender esa misma Palabra de Dios en tu contexto actual.

Por ejemplo, echemos un vistazo al mandato en Deuteronomio 22:5: "Una mujer no debe vestirse con ropa de hombre...". ¿Cómo debemos entender nosotros hoy esas palabras?

Si tomamos las palabras de manera literal, en nuestro contexto actual, ese pasaje parece estar diciendo que una mujer no debe usar pantalones ni vaqueros pues, de lo contrario, estaría desobedeciendo la Palabra de Dios. Sin embargo, si haces una cuidadosa investigación, descubrirás que Moisés dio ese mandato al pueblo de Israel porque Dios no quería que los israelitas siguieran las prácticas de las personas malvadas que vivían en la tierra prometida. No quería que las mujeres israelitas imitaran a las mujeres paganas.

Entonces, ¿qué principio universal estaba Dios queriendo enseñar a los antiguos israelitas, así como a nosotros hoy? Estaba exhortándolos a llevar *ropa apropiada*.

Si nos fijamos en el Nuevo Testamento, encontramos otro mandato que se ajusta a la interpretación de "ropa apropiada":

> Y quiero que las mujeres se vistan de una manera modesta. Deberían llevar ropa decente y apropiada (1 Timoteo 2:9).

De nuevo, al igual que en el Antiguo Testamento, el principio es que se debe usar ropa apropiada. Este principio es válido sin importar la época o cultura. Así que la idea de vestirse de acuerdo a los criterios de Dios rige también en tu vida. ¿Cómo, pues, debes responder cuando tus padres expresan preocupación por tu apariencia y elección de prendas de vestir?

Veamos cinco áreas esenciales

Tu meta en el estudio bíblico es determinar el sentido claro y llano de las palabras que estás leyendo. La primera tarea que tienes como intérprete se conoce como *exégesis*. Esta palabra proviene de un término griego que significa "guiar hacia fuera, exponer, interpretar". Se trata de un estudio cuidadoso y sistemático de la Biblia que te guía a los significados originales de las Escrituras.

Al igual que sucede con la observación, para lograr una buena exégesis debes leer el texto con cuidado y hacer las preguntas correctas. Una vez que tengas las respuestas a tus preguntas, estarás más cerca de saber lo que el autor está diciendo. Una herramienta muy útil para hacer esto es explorar cinco áreas esenciales. Te ayudarán a hacer las preguntas que revelarán el pensamiento principal del autor en un pasaje de la Biblia.

1. *El contexto* contestará una buena parte de tus preguntas. En mis notas, una vez escribí una estadística que dice: "el 75% de todas tus preguntas de interpretación pueden ser respondidas al mirar el contexto". Eso te da una idea de lo importante que es para la interpretación bíblica correcta.

Existen dos tipos principales de contexto:

Contexto cercano. Son los versículos que están inmediatamente antes y después del versículo o pasaje que estás estudiando.

Contexto lejano. Son los versículos más apartados que preceden o suceden al pasaje que estás estudiando.

A fin de que puedas ver cómo te ayuda el contexto con la interpretación, dedica un momento a leer Marcos 1:29-31. Después haz estas preguntas:

¿Quiénes son los que "fueron" a la casa de Simón y Andrés en el versículo 29? (Una pista: la respuesta a esta pregunta no está en el contexto cercano, es decir, en los versículos que están justo antes y después del versículo 29. Tienes que estudiar el contexto más lejano, en particular, debes mirar los versículos 16-20).

¿Dónde o en qué ciudad se encontraba ubicada la sinagoga? (Lee el contexto lejano en Marcos 1:21).

_____

_____

¿En qué región estaba la ciudad? (Lee el contexto cercano, en el versículo 28).

_____

_____

Hay diferentes formas de contexto:

Una palabra. El contexto que rodea a una palabra es la frase en la que esta aparece. Responde a la pregunta: ¿De quién era la "casa"? (versículo 29).

_____

_____

Una frase. El contexto que rodea a una frase u oración es el párrafo en el que esta aparece. Responde a esta pregunta: ¿Quién estaba enfermo y cuál era su enfermedad? (versículos 29-31).

_____

_____

Al ir haciendo la tarea de interpretación, procura no dar por supuesto ni siquiera lo que te parezca obvio. Relee Marcos 1:29-31 y, usando el contexto, fíjate en cuál es el versículo que revela a quién hace referencia la palabra "Él" del versículo 31.

_____

_____

¿Es el contexto siempre importante? Recuerda que hay cinco áreas que pueden ayudarte con la interpretación de las Escrituras.

El contexto es la primera y la más importante de ellas porque puede responder a muchas de tus preguntas para entender el significado del texto.

Puede que te estés preguntando: "¿Hay algún pasaje o libro de la Biblia donde el contexto no sea relevante?". En el libro de Proverbios encontrarás pasajes donde el contexto no es tan importante como en el resto de la Biblia. Esto se debe a que muchos de los proverbios dentro del libro son declaraciones breves y concisas que pueden interpretarse de manera aislada. Muchos de los proverbios son declaraciones independientes de la verdad que pueden entenderse al margen de los versículos que están antes y después de ellos.

2. *Las referencias cruzadas* conforman la siguiente área. Al consultar las referencias cruzadas, permitimos que las Escrituras interpreten las Escrituras. Dios no se contradice a sí mismo. Una porción de las Escrituras nunca va a contradecir a otra. Tu meta es interpretar cada pasaje a la luz de las enseñanzas de la Biblia en su conjunto. La Biblia nos revela un único sentido de Dios y de su voluntad.

Ahora ya sabes acerca del contexto cercano y lejano. En lo relacionado con las referencias cruzadas, el principio clave es que toda la Biblia es el contexto fundamental de cada pasaje. Si sabes lo que dicen otros pasajes sobre un tema, puedes obtener una mejor comprensión de lo que significan o implican versículos específicos.

Por ejemplo, lee Efesios 3:14:

> Cuando pienso en todo esto, caigo de rodillas y elevo una oración al Padre.

Si quisieras responder a la pregunta: "¿Cuál es la postura correcta para la oración?" y leyeras solo esta frase incompleta de Efesios, quizás llegarías a la conclusión de que, debido a que Pablo se arrodillaba cuando oraba, la Biblia enseña que es necesario arrodillarse para orar. Pero si verificas y miras las referencias cruzadas de otros versículos en la Biblia que mencionan varias posturas para la ora-

Marcos 1:29-31

Marcos 1:32-34

Marcos 1:35-39

5. *La consulta* implica el uso de comentarios, Biblias de estudio y diccionarios bíblicos. Los comentarios son libros escritos por eruditos de la Biblia que explican la historia y el significado de los pasajes de la Biblia que estudias. También encontrarás información similar en muchas Biblias de estudio. Y un diccionario bíblico funciona como un diccionario común y te ayudará a entender mejor el significado de palabras, nombres y otras cosas que lees en la Biblia.

Junto con la dirección y la guía que te da el Espíritu Santo, estos recursos te permitirán hacer una mejor tarea de interpretar correctamente la Palabra de Dios. Solo te doy un consejo: trata de estudiar cada pasaje por ti mismo *antes* de utilizar estas herramientas de referencia. Deja que la Biblia te hable por sí misma tanto como sea posible antes de usar los recursos fuera de la Biblia.

UN MENSAJE PARA TI

¿Te sientes un poco abrumado por todo lo que has leído en este capítulo? Quiero pedirte que lo tomes con calma. La comprensión de la Biblia no es algo que sucede de forma automática ni en unas pocas semanas o meses. Como cristiano, vas a estudiar la Biblia por el resto de tu vida. Y cuanto más la estudies, el tiempo y la repetición harán que te sea cada vez más fácil comprenderla. Sigue avanzando pacientemente, y con el tiempo, podrás ver cómo se convierte en una influencia positiva en tu vida. La Biblia revela los pensamientos de Dios y, al estudiarla, llegas a conocer más de ellos cada día. ¿No es eso maravilloso?

Dios no te está pidiendo que te conviertas en un erudito experto en la Biblia con varios títulos universitarios, pero sí te pide que hagas todo lo posible para leer y abordar su Palabra correctamente. Eres sabio por comenzar este proceso ahora que eres un joven conforme al corazón de Dios. Leerla y estudiarla regularmente y en oración hará que tu conocimiento de la Palabra de Dios siga creciendo. Con ese conocimiento viene la comprensión y con esa comprensión viene la vida a semejanza de la de Jesucristo.

LO QUE OTROS HAN DICHO SOBRE LA BIBLIA

*Un conocimiento profundo de la Biblia
merece más la pena que una educación universitaria.*

THEODORE ROOSEVELT
Vigésimo sexto presidente de los Estados Unidos

9

Indaga más a fondo

Los de Berea tenían una mentalidad más abierta que los de Tesalónica y escucharon con entusiasmo el mensaje de Pablo. Día tras día examinaban las Escrituras para ver si Pablo y Silas enseñaban la verdad.
Hechos 17:11

Como de costumbre, Martín esperaba con ansias su reunión semanal con el pastor Daniel. Le entusiasmaba estar aprendiendo cada vez más sobre cómo entender la Biblia. Durante las últimas semanas, Daniel había estado enseñando al grupo de jóvenes sobre el ministerio del Espíritu Santo. En la última reunión del grupo, enseñó acerca de los dones del Espíritu y tomó como referencia 1 Corintios 12. El pastor había impartido un gran estudio y, unos días después, cuando Martín estudió el pasaje por su cuenta, le surgieron algunas preguntas.

—Daniel, vas a necesitar una taza de café porque tengo un montón de preguntas para hacerte —espetó Martín al entrar en la oficina del pastor.

—¡Caramba! ¡Me parece que he creado un monstruo! —dijo Daniel con una sonrisa. Luego invitó a Martín a sentarse y plantearle sus dudas.

Martín sacó las notas que escribió mientras Daniel daba el estudio sobre el Espíritu Santo. Luego, sacó una segunda serie de notas, junto con algunas preguntas, que había escrito mientras estudiaba 1 Corintios 12 por su cuenta.

—Martín, has hecho algo que me llena de satisfacción —dijo Daniel—. Eso es lo que debe suceder cuando una persona comienza a profundizar en la Palabra de Dios. Estoy encantado de que examines la Biblia por ti mismo, eso es exactamente lo que hicieron los oyentes en Hechos 17:10-11.

Indaguemos más a fondo

Ahora es tu turno para hacer lo que hizo Martín. Abre tu Biblia en Hechos 17:10-11. Lee esos versículos y pon en práctica las lecciones que has aprendido en este libro. Recuerda que para responder a algunas de las preguntas clave, tendrás que ir al principio de Hechos 17 y leer el contexto lejano.

¿Quiénes son los participantes?

_____

_____

¿Qué está sucediendo?

_____

_____

¿Cuándo está sucediendo?

_____

_____

¿Dónde está sucediendo?

_____

_____

Echa ahora un vistazo al contexto de Hechos 17:10-11, es decir, a los versículos que preceden y siguen a los versículos 10-11. ¿Cuál es la enseñanza de este pasaje o la idea central? Tu respuesta será tu interpretación del texto bíblico.

_____
_____
_____

¿Cuál debería ser la actitud de todos los que oyen la enseñanza de la Palabra de Dios?

_____
_____
_____

¿Cómo podrías aplicar este pasaje a tu vida?

_____
_____
_____

Hermenéutica

"Herme... ¿qué? ¿De dónde viene eso?".

Si nunca antes has oído o visto la palabra *hermenéutica*, es probable que estés diciendo: "Yo pensé que estábamos hablando de cómo estudiar la Biblia y los pasos de la interpretación?".

Bueno, eso es exactamente de lo que trata la hermenéutica. La palabra proviene de un término griego que significa "traducir" o "interpretar". En su sentido más amplio, se refiere a la ciencia (guiada por normas sistemáticas) y al arte (hábil aplicación de las normas) de la interpretación bíblica. La meta de la hermenéutica es el estudio del texto de la Biblia de tal manera que su mensaje original le llegue con claridad al lector u oyente en el contexto actual.

Jesús, el más grande intérprete y maestro de la hermenéutica, aplicó este proceso cuando iba por el camino a Emaús con dos hombres según Lucas 24:27:

> Entonces Jesús los guió por los escritos de Moisés y de todos los profetas, explicándoles lo que las Escrituras decían acerca de él mismo.

¿Qué verbo se emplea en Lucas 24:27 para describir el proceso que usó Jesús?

_____

¿Cuán extensa fue la explicación de Jesús?

_____
_____

Nota: El verbo "explicándoles" en Lucas 24:27 es la traducción al español de la palabra griega para la hermenéutica. Fíjate en que Jesús estaba interpretando, para sus oyentes, lo que las Escrituras decían de Él.

Lee ahora Lucas 24:32:

> Entonces se dijeron el uno al otro: "¿No ardía nuestro corazón cuando nos hablaba en el camino y nos explicaba las Escrituras?" (Lucas 24:32).

¿Cuál fue el efecto de la hermenéutica en la vida de aquellos dos hombres que estaban escuchando a Jesús?

_____
_____

Veamos las leyes de la interpretación

Al ir haciendo preguntas sobre el texto de la Biblia que estás leyendo, debes asegurarte de seguir ciertas reglas o leyes de interpretación. Así como hay leyes de la física y la química, hay principios de interpretación que son importantes para que los tengas en cuenta y los sigas.

Principios generales de la interpretación

Aquí tienes algunos principios generales que conviene tener en mente al interpretar la Palabra de Dios:

1. Parte del supuesto de que la Biblia tiene la autoridad final y la última palabra. La Biblia declara ser la Palabra de Dios y, por tanto, debe ser obedecida.

2. La Biblia se interpreta a sí misma. La mejor explicación de las Escrituras la dan las Escrituras.

3. Para poder entender e interpretar las Escrituras necesitamos la fe que nos salva y el Espíritu Santo (1 Corintios 2:13-14).

4. Los ejemplos bíblicos tienen autoridad solo cuando están apoyados por un mandato. El hecho de que Jesús se levantara temprano para orar no significa que tú estés obligado a hacerlo también. Si bien la Biblia nos dice que debemos orar, no especifica que debemos hacerlo temprano en la mañana. Habría sido diferente si Jesús hubiera dicho: "Te ordeno que te levantes temprano cada día y ores y, si no lo haces, enfrentarás graves consecuencias".

5. Las promesas de Dios, tal como se encuentran en la Biblia, se dividen en dos categorías.

   Promesas generales. Son dadas para todos. Por ejemplo, "él da la luz de su sol tanto a los malos como a los buenos y envía la lluvia sobre los justos y los injustos por igual" (Mateo 5:45).

   Promesas específicas. Las reciben algunos individuos en ocasiones específicas.
   Con esto en mente, ¿a quiénes extiende Dios su promesa en Génesis 12:1-3?

Principios gramaticales de la interpretación

La Biblia es un texto literario y, para interpretarlo de manera adecuada, es necesario prestar atención a la estructura gramatical de sus palabras y frases. Estos son algunos principios clave para hacerlo:

1. Las Escrituras tienen un solo significado que es el que debemos aceptar normalmente (el significado claro y llano). No busques significados ocultos en el texto porque no los hay.

2. Interpreta las palabras considerando la historia y la cultura del autor.

3. Cuando se utiliza un objeto inanimado para describir a un ser vivo, la declaración puede considerarse figurativa y no literal. Por ejemplo, en la cena de la Pascua: "Jesús tomó un poco de pan y lo bendijo. Luego lo partió en trozos, lo dio a sus discípulos y dijo: Tómenlo y cómanlo; porque esto es mi cuerpo" (Mateo 26:26).

En función del principio anterior, ¿cómo debemos interpretar este pasaje? ¿Es el pan el cuerpo de Cristo en un sentido literal o figurado?

Jesús también dijo: "Yo soy el pan de vida" (Juan 6:35). ¿Es esto literal o figurado?

¿Qué efecto causa el pan en quien lo come?

Jesús también dijo: "Yo soy la puerta" (Juan 10:7). ¿Es esto literal o figurado?

_____

_____

¿Qué representa una puerta?

_____

_____

Además, cuando se atribuye vida y acción a los objetos inanimados, la declaración puede considerarse figurativa. En Miqueas 6:1-2, ¿a qué objetos inanimados se dirige el autor como si fueran seres vivos?

_____

_____

4. Cuando una expresión parece estar fuera de lugar con lo descrito, la declaración puede considerarse figurativa.

   ¿Qué animal mencionado en Filipenses 3:2 parece estar fuera de lugar y debería considerarse figurativo?

   _____

   _____

   ¿Qué animal se menciona en sentido figurado para describir a Herodes en Lucas 13:31-32?

   _____

   _____

5. Las parábolas son ilustraciones utilizadas por los maestros para ayudar a explicar lo que están enseñando. Una parábola es un relato, por lo que no todas las palabras de la parábola tienen necesariamente un significado especial.

Más bien, hay que enfocarse en la idea central de la historia en su conjunto para determinar el significado del mensaje del maestro.

Lee la parábola del Buen Samaritano en Lucas 10:29-37. ¿Qué pregunta le hizo el hombre a Jesús en el versículo 29?

_____

_____

Cuando Jesús contestó la pregunta del hombre, contó una parábola para ilustrar la enseñanza que quería impartir.

¿Qué pregunta hizo Jesús en el versículo 36?

_____

_____

Aplicación: ¿Quién es tu prójimo según el versículo 37?

_____

_____

Principios históricos de la interpretación

La historia es otro elemento importante para la interpretación correcta de la Biblia. Veamos algunas pautas que hay que tener en cuenta:

1. La Biblia debe interpretarse en su contexto histórico: ¿Para quién se escribió el pasaje? ¿Cuál era el trasfondo del escritor? ¿Cuál fue el motivo por el que escribió?

2. La revelación de Dios en las Escrituras fue mostrándose gradualmente con el tiempo a todos los pueblos. El Antiguo y el Nuevo Testamento son partes esenciales de una sola unidad: la Biblia. Hay verdades que, si bien eran misterios en el Antiguo Testamento, fueron reveladas y dadas a conocer en el Nuevo Testamento. Por ejemplo, lee Efesios 3:1-6. ¿Qué misterio se explica en el versículo 6?

Los hechos o sucesos históricos pueden convertirse en *tipos* o *símbolos* de verdades espirituales. ¿Quién aparece descrito como un tipo o "representación" de Cristo según Romanos 5:14?

Nota: En la Biblia hay muy pocas cosas o eventos designados como tipos o símbolos. Romanos 5:14 es una de las pocas declaraciones de tipología. ¿Adán era una representación de quién?

Principios teológicos de la interpretación

No dejes que la palabra *teológicos* te asuste. Dicho sencillamente, la *teología* es el estudio de Dios, es decir, de aquellas cosas que aprendemos en la Biblia acerca de Dios. Debido a que cada cristiano sabe por lo menos algunas cosas sobre Dios, bien podríamos decir que cada cristiano es un teólogo y eso te incluye a ti.

En lo que se refiere a la teología o al estudio de Dios, veamos algunos principios que debes conocer y seguir:

1. El conocimiento gramatical de la Biblia te ayuda a comprenderla teológicamente.

2. Una doctrina (o enseñanza) no puede ser considerada bíblica a menos que resuma e incluya todo lo que las Escrituras dicen acerca de ella.

Por ejemplo, considera la doctrina de la deidad de Jesús, es decir, la enseñanza de que Jesús es Dios. Si lees Juan 20:17 en forma aislada, sin tener en cuenta ningún otro versículo de la Biblia, es posible que logres comprender la deidad de Jesús. Aquí, el Señor está hablando con María Magdalena inmediatamente después de su resurrección:

> No te aferres a mí —le dijo Jesús—, porque todavía no he subido al Padre; pero ve a buscar a mis hermanos y diles: "Voy a subir a mi Padre y al Padre de ustedes, a mi Dios y al Dios de ustedes".

Algunas personas usan Juan 20:17 para decir que Jesús no era Dios. Pero cuando nos fijamos en otros varios versículos bíblicos, encontramos la clara afirmación de que Jesús *es* Dios:

> Nadie ha visto jamás a Dios; pero el Hijo, el Único, él mismo es Dios y está íntimamente ligado al Padre. Él nos ha revelado a Dios (Juan 1:18).

> El Padre y yo somos uno (Juan 10:30).

> "¡Mi Señor y mi Dios!" —exclamó Tomás (Juan 20:28).

Por eso es tan importante saber lo que la Biblia dice en su conjunto, y no leer un versículo o dos de forma aislada.

3. Cuando dos doctrinas (o enseñanzas) presentadas en la Biblia parecen ser contradictorias, acepta ambas como verdaderas en la creencia firme de que, en la mente de Dios, no son contradictorias, sino que ambas son ciertas. Algunos ejemplos son:

La Trinidad. Hay solo un Dios, pero la Biblia revela que Dios está representado en tres personas distintas que comparten la misma esencia, como se evidencia en Génesis 1:26: "Hagamos a los seres humanos a nuestra imagen". Las palabras "hagamos" y "nuestra" tienen forma plural, lo que confirma la verdad de que Dios es uno en tres personas.

La doble naturaleza de Cristo. Jesús es, a la vez, 100% Dios y 100% hombre. Esto lo vemos confirmado en Filipenses 2:5-8: "Tengan la misma actitud que tuvo Cristo Jesús. Aunque era Dios, no consideró que el ser igual a Dios fuera algo a lo cual aferrarse. En cambio, renunció a sus privilegios divinos; adoptó la humilde posición de un esclavo y nació como un ser humano. Cuando apareció en forma de hombre, se humilló a sí mismo en obediencia a Dios y murió en una cruz…".

La elección soberana de los creyentes por parte de Dios y el libre albedrío del hombre. "Incluso antes de haber hecho el mundo, Dios nos amó y nos eligió en Cristo…" (Efesios 1:4). Y, "Al contrario, es paciente por amor de ustedes. No quiere que nadie sea destruido; quiere que todos se arrepientan" (2 Pedro 3: 9).

Un pasaje para practicar

En las páginas 125-126 encontrarás el texto de Hechos 16:1-10. Está ahí para que puedas poner a prueba tus nuevas habilidades de observación e interpretación de la Biblia. Antes de leerlo, aquí tienes las instrucciones. Luego, al tiempo que lees Hechos 16:1-10, asegúrate y marca cada parte de esas instrucciones a medida que las completas.

Subraya todos los verbos. _____ Hecho

Señala los conectores y descríbelos en el espacio en blanco al lado de los mismos. ¿Son de tiempo, de lugar, lógicos, etc.? _____ Hecho

Escribe todas las preguntas clave (sobre los hechos, los personajes, el tiempo y el lugar) que debes hacer sobre este pasaje, ya sea en las líneas que están abajo o en los espacios que están junto a los versículos.

_____

_____

_____

_____

_____ Hecho

¿Qué sucede en este viaje?

_____

_____ Hecho

¿Dónde suceden estos hechos?

_____

_____ Hecho

¿Cuándo ocurren estos hechos?

_____

_____ Hecho

¿Cómo suceden estos hechos?

_____

_____ Hecho

¿Cuál es el contexto?

_____

_____ Hecho

¿Qué sucedió en Hechos 15?

_____

_____

_____ Hecho

¿Cómo están siendo guiados los miembros del equipo misionero?

_____

_____

_____ Hecho

TEXTO DE HECHOS 16:1-10

¹ Pablo fue primero a Derbe y luego a Listra, donde había un discípulo joven llamado Timoteo. Su madre era una creyente judía, pero su padre era griego.

² Los creyentes de Listra e Iconio tenían un buen concepto de Timoteo,

³ de modo que Pablo quiso que él los acompañara en el viaje. Por respeto a los judíos de la región, dispuso que Timoteo se circuncidara antes de salir, ya que todos sabían que su padre era griego.

⁴ Luego fueron de ciudad en ciudad enseñando a los creyentes a que siguieran las decisiones tomadas por los apóstoles y los ancianos de Jerusalén.

⁵ Así que las iglesias se fortalecían en su fe y el número de creyentes crecía cada día.

⁶ Luego, Pablo y Silas viajaron por la región de Frigia y Galacia, porque el Espíritu Santo les había impedido que predicaran la palabra en la provincia de Asia en ese tiempo.

⁷ Luego, al llegar a los límites con Misia, se dirigieron

al norte, hacia la provincia de Bitinia, pero de nuevo el Espíritu de Jesús no les permitió ir allí.

⁸ Así que siguieron su viaje por Misia hasta el puerto de Troas.

⁹ Esa noche Pablo tuvo una visión. Puesto de pie, un hombre de Macedonia —al norte de Grecia— le rogaba: "¡Ven aquí a Macedonia y ayúdanos!".

¹⁰ Entonces decidimos salir de inmediato hacia Macedonia, después de haber llegado a la conclusión de que Dios nos llamaba a predicar la Buena Noticia allí.

¿Qué te dice este pasaje sobre el ministerio del Espíritu Santo?

___

___

___

___

Si consideras el pasaje de Hechos 16:1-10 en su conjunto y tienes en cuenta tu tarea de observación y las respuestas que has escrito a las preguntas anteriores, ¿podrías decir, en una oración, cuál crees que es la idea central?

___

___

___

___

¿Cómo podrías aplicar esa idea central a tu vida? ¿Qué diferencia debería marcar en tu vida diaria?

___

___

___

___

UN MENSAJE PARA TI

Lee una vez más Hechos 17:11. Presta atención a lo que Dios dice acerca de los de Berea: "Tenían una mentalidad más abierta". Otras traducciones de la Biblia los describen como "de sentimientos más nobles" (NVI) o como "más receptivos" (PDT). Su voluntad de buscar la verdad realzó su carácter. Sus acciones confirman la verdad de la exhortación de Proverbios 9:9: "Instruye a los sabios, y se volverán aún más sabios; enseña a los justos, y aprenderán aún más".

Ahora centrémonos en ti, querido compañero de estudios de la Biblia. Te has embarcado en una búsqueda noble, una búsqueda que pocos desean emprender. Muchos no están dispuestos a pagar el precio que se requiere a lo largo del camino. Reconocen que los desafíos son grandes y, por tanto, deciden no empezar el viaje. Otros lo emprenden pero rápidamente se distraen y se desvían de su curso, para no volver jamás. Aquellos que se niegan a hacer el esfuerzo de emprender el camino y también los que terminan desviándose de él no se dan cuenta de que continuar la búsqueda para entender la Biblia los conducirá a una vida de sabiduría y prosperidad.

Espero que ya estés viendo el crecimiento espiritual como resultado de tu búsqueda. Pero este crecimiento es solo la punta del iceberg. Cada día estás obteniendo las herramientas que vas a necesitar para una vida de aprendizaje y crecimiento en la Biblia. Tal vez ya has oído este dicho antes: "Si le das a un hombre un pescado, tendrá alimento por un día pero, si le enseñas a pescar, tendrá alimento para toda la vida".

Eso también se aplica al estudio de la Biblia. Cuando sabes cómo pescar la verdad por tu cuenta, estás bien encaminado para toda la vida. Así que sé firme y persiste en el proceso de aprender más sobre cómo estudiar la Palabra de Dios correctamente. ¡Hay muchos más peces para pescar!

LO QUE OTROS HAN DICHO SOBRE LA BIBLIA

*Abre tu Biblia y fija tus ojos en ella todos los días.
Es tu alimento espiritual. Luego, compártelo con otros.
Comprométete a no ser un cristiano tibio.*

KIRK CAMERON
Actor

10

¿Qué tiene esto que ver contigo?

Hijo mío, nunca olvides las cosas que te he enseñado;
guarda mis mandatos en tu corazón.
Si así lo haces, vivirás muchos años,
y tu vida te dará satisfacción.
Proverbios 3:1-2

Daniel y Martín llevaban varios meses reuniéndose semanalmente y ambos se habían beneficiado de ese tiempo juntos. Daniel sintió gran satisfacción al ver el entusiasmo de Martín mientras se abrían camino a través de los diferentes aspectos de la comprensión de la Biblia. Sin embargo, él sabía que Martín estaba por dar un gran paso en el estudio de la Biblia.

Hasta ahora, la atención se había centrado principalmente en la recopilación de hechos, no solo de hechos acerca de pasajes de la Biblia, sino también sobre la naturaleza única de la Biblia. Daniel, que solía ir de caza, sabía que lo primero que se enseña a una persona que quiere aprender a cazar es la importancia de tener un sano respeto por el rifle de caza. Del mismo modo, la persona que quiera aprender cómo beneficiarse de la Biblia debe tener un sano respeto y reverencia por la Biblia. Al fin y al cabo, es la Palabra de Dios.

Así que cuando Martín llegó a la reunión de estudio, Daniel le pidió que abriera su Biblia en el capítulo 8 de Nehemías. Mientras Martín estaba pasando las páginas de su Biblia, Daniel colocó una hoja de trabajo en frente de cada uno de ellos.

—Martín, estamos ahora en las etapas finales de saber lo que involucra aprender a estudiar la Biblia —comenzó a decir Daniel—. Quiero que trabajemos en un pasaje de las Escrituras que comunica cómo hemos de implicarnos en el estudio de la Biblia y cuál debe ser el resultado.

Impreso en la parte superior de la hoja que Daniel había preparado se leía el título "Nehemías y la renovación".

Aplicar lo que leemos

Vamos a leer junto con Daniel y Martín y aprender acerca del beneficio clave de estudiar la Biblia. Las preguntas que vemos a continuación son idénticas a las que Daniel puso en la hoja de trabajo que entregó a Martín.

Lee Nehemías 8:1-2 en tu Biblia. Mientras lo haces, recuerda que es importante tener en cuenta el contexto cuando lees un pasaje de la Biblia. El contexto de Nehemías 8 es este: había pasado un año desde la reconstrucción y terminación del muro alrededor de Jerusalén. El pueblo se había reunido para celebrar una fiesta especial que tenía lugar en esta época del año. Cuando el pueblo se reunió, presentaron una petición.

1. Lee Nehemías 8:1-2. ¿Qué pidió el pueblo al escriba Esdras?

2. Según Nehemías 8:3, ¿qué hizo Esdras, y por cuánto tiempo?

3. Lee Nehemías 8:5-6. ¿Cómo reaccionó el pueblo a medida que Esdras les leía la Palabra de Dios?

4. ¿Cuál fue la respuesta del pueblo, según el versículo 9?

5. ¿Qué acción llevaron a cabo cuando se enteraron de lo que Dios requería de ellos (lee los versículos 14-16)?

6. En las personas que escucharon la lectura del "libro de la ley de Moisés", el espíritu de renovación no consistió de una breve respuesta emocional. Más bien, continuó durante todo un mes. Describe la continua respuesta de la gente a las enseñanzas de Dios en Nehemías 9:1-3.

Aplicación: en función de lo que acabas de leer en los capítulos 8 y 9 de Nehemías, ¿cuál debería ser tu respuesta cuando escuchas enseñanzas de la Palabra de Dios y cuando la estudias por ti mismo?

Respondamos a la Palabra de Dios

La gente de la época de Nehemías leía y estudiaba la Palabra de Dios, pero no se conformaban con adquirir conocimientos sino que respondían a la Palabra con sus acciones. La Palabra de Dios les mostró las áreas de sus vidas donde debían cambiar y ellos obedecieron.

En definitiva, ese es el paso final del estudio de la Biblia: la aplicación de las verdades de Dios a tu vida. Después de haber observado cuidadosamente los versículos que estás estudiando, después de haber determinado el contexto y consultado a otras personas y recursos para el estudio, y después de haber llegado a entender la correcta interpretación y el significado de los versículos, entonces puedes contestar a la pregunta "¿Cómo debo poner esto en práctica en mi vida?". Ese es el momento en que aplicas la lección aprendida.

La aplicación es el paso final en el estudio de la Biblia. Como viste en uno de los capítulos anteriores, el estudio de la Biblia no es simplemente aumentar tu conocimiento; se trata también de cambiar tu vida. La meta última del estudio bíblico no es causar un efecto en la Biblia sino dejar que la Biblia cause un efecto en tu vida. El enfoque de todo el proceso de estudio de la Biblia es que tú puedas hacerte más y más semejante a Cristo y eso requiere un cambio de tu parte.

Al igual que con los pasos para la observación e interpretación, hay un proceso definido que puedes seguir para aplicar las enseñanzas de la Biblia correctamente. Ese proceso se basa en la observación y la interpretación:

1. *Aplica los principios de la observación para hacer las preguntas clave (sobre los hechos, los personajes, el tiempo y el lugar).* Luego haz las siguientes preguntas para estimular tu mente en relación con posibles aplicaciones:

¿Hay un ejemplo para que yo lo siga?

¿Hay una promesa de Dios?
_____
_____

¿Hay una advertencia a la que debo prestar atención?
_____
_____

¿Hay un mandato que debo obedecer?
_____
_____

¿Hay un pecado que debo evitar?
_____
_____

¿Hay alguna dificultad en la que necesito más ayuda?
_____
_____

2. *Utiliza las reglas de la interpretación*. Enfócate en las cinco áreas básicas: el contexto, las referencias cruzadas, la cultura, la conclusión y la consulta. Esto es de vital importancia porque la aplicación personal no puede ocurrir hasta que hayas interpretado y comprendido correctamente el pasaje. Tus creencias (interpretación) determinarán tu comportamiento (aplicación). Es imposible que tengamos un comportamiento correcto si nuestras convicciones no son acertadas. Además, los pasajes solo tienen una interpretación válida, pero pueden tener muchas aplicaciones.

3. *Examínate a ti mismo*. Con esto quiero decir que sepas quién eres como persona, tanto en tus dones como en tus limitaciones. Dios ha creado a la persona que eres, por lo que es importante que dediques tiempo a conocerte:

Primero, conoce tus habilidades y tus dones. Las habilidades y los dones son cualidades valiosas que te regala Dios. Por ejemplo, los talentos (como tocar un instrumento musical), la educación (como hablar un segundo idioma), las experiencias de vida (como cuando tus padres te llevan de viaje) y los dones espirituales (las habilidades especiales dadas por Dios). Al aplicar la Palabra de Dios a tu vida, verás cómo estas cualidades pueden ser usadas por Dios para sus propósitos y para el avance de su reino.

Para saber cuáles son tus habilidades y tus dones es clave que dediques tiempo a pensar en cuáles son, no para que te dediques a presumir de ellos, sino para que conozcas las diferentes maneras en que Dios puede obrar por medio de tu vida. Enumera algunos de ellos a continuación y luego da gracias a Dios por estos dones y habilidades, y dedícaselos a Él.

_____

_____

_____

_____

Segundo, conoce tus limitaciones. No te desanimes por esas supuestas limitaciones, porque Dios está en el control de ellas. Entrégale tus limitaciones y Él hará que te lleven a un mayor crecimiento espiritual. También, tus limitaciones pueden ayudarte a desarrollar tu fe. Por ejemplo, tal vez no tengas muchas experiencias de vida porque todavía eres joven. O quizás no goces de una muy buena salud. Tal vez pienses que no tienes mucho para ofrecer. ¡No desesperes! La Palabra de Dios puede darte esperanza y ánimo a medida que aplicas sus promesas a tu vida y confías en Él.

Enumera tus limitaciones y luego da gracias a Dios porque estas te obligan a recurrir a sus recursos para suplir lo que puede estar faltando en tu vida.

_____

_____

_____

¿Cómo puedes aplicar el siguiente versículo a tus listas de dones y limitaciones?

Todo lo puedo en Cristo que me fortalece (Filipenses 4:13, RVR-60).

4. *Sé selectivo*. Es imposible que apliques conscientemente *todo* lo que aprendes, pero sí puedes aplicar conscientemente *algo* de lo que aprendes. Elige una aplicación en la que crees que Dios quiere que trabajes ahora mismo, hoy.

Una buena forma de ser selectivo es completar esta declaración: "Mi problema número uno es _____". Esto te ayudará a identificar la necesidad más urgente en tu vida en este momento. Si tu corazón está abierto y dispuesto, Dios te revelará cómo los pasajes de la Biblia que estás leyendo y estudiando pueden aplicarse en este momento en tu vida.

Lee de nuevo en 1 Pedro 2:1. ¿En cuál de estas áreas de pecado crees que Dios quiere que trabajes en este momento?

A continuación, ¿qué vas a hacer ahora para aplicar la instrucción del versículo 2?

Imaginemos que tu principal problema es que no estás seguro acerca de la voluntad o el deseo de Dios para tu vida. Lee 1 Tesalonicenses 4:3-5, que está a continuación. Según el pasaje, ¿cuál es la voluntad de Dios.

> La voluntad de Dios es que sean santos, entonces aléjense de todo pecado sexual. Como resultado cada uno controlará su propio cuerpo y vivirá en santidad y honor, no en pasiones sensuales como viven los paganos, que no conocen a Dios ni sus caminos.

Puede que haya momentos en los que, al estudiar la Biblia, no sepas cuáles son tus necesidades. Según Romanos 8:26, ¿cómo te ayuda el Espíritu Santo con estas necesidades desconocidas de tu vida?

5. *Sé personal.* Dios es un Dios personal. Puedes hablar con Él a solas en oración. Eres responsable directamente ante Dios por tu pecado. Él te ama y se preocupa por ti como individuo. Ser cristiano es tener una relación personal con Dios, así que cuando ores y apliques la Palabra de Dios a tu vida, no pienses en términos de *nosotros* o *ellos*. Piensa en términos de *yo*, *mí* y *mío*. Busca una conexión personal.

Lee de nuevo 1 Tesalonicenses 4:3-5 y escribe una aplicación usando el pronombre personal en primera persona singular, es decir, la palabra *yo*, en tu aplicación.

6. *Está dispuesto a cambiar.* La aplicación es simplemente el proceso de relacionar la verdad de Dios con todas las áreas de tu vida con el fin de ser cambiado. Al considerar cómo aplicar la Biblia, pregúntate: ¿Qué tiene que ver cada pasaje que leo o estudio en las Escrituras con...

...mi relación con Dios?

...mi relación con los demás?

...mi respuesta al enemigo, Satanás?

7. Pon en práctica lo que lees. Lee Santiago 1:22-25.

¿Cuál es el reto de Santiago en el versículo 22?

¿Cuál es el problema de ser solo un oyente de la Palabra de Dios (v. 22)?

¿Qué sucede cuando te miras al espejo por solo un segundo y luego te vas? Si no observas con atención, es probable que pierdas de vista algún detalle o que te olvides de lo que viste. Según los versículos 23-24, ¿cómo aplica Santiago esta analogía al cristiano que no obedece inmediatamente después de oír la Palabra de Dios?

_____
_____
_____

Compara ese resultado con el de la persona que "pone en práctica" la Palabra de Dios (lee el versículo 25). ¿Qué recibe la persona que responde con obediencia a la Palabra de Dios?

_____
_____
_____

Inténtalo tú mismo

Lee de nuevo Marcos 1:29-31. ¿Cuál es tu interpretación de este párrafo, es decir, cuál es la idea central?

_____
_____
_____

Por ejemplo, tu interpretación podría ser: "Jesús vio a una persona en necesidad y la ayudó".

Y tu aplicación podría ser: "Debería estar dispuesto a ayudar a las personas que tienen necesidades" o "Debo estar más al tanto de personas que están en necesidad y ofrecerles mi ayuda".

Ahora lee Marcos 1:32-34 y escribe tu interpretación (la idea central). Luego, escribe tu aplicación personal.

Interpretación:

_____
_____
_____

Aplicación:

_____
_____
_____

A continuación, lee en Marcos 1:35-39 y escribe tu interpretación (la gran idea), así como tu aplicación personal.

Interpretación:

_____
_____
_____

Aplicación:

_____
_____
_____

¿Te puedes imaginar la vida como Jesús la vivió, dedicando tiempo a cuidar de las personas y ayudarlas en sus necesidades?

Tal vez ya hayas leído estos versículos antes o hayas escuchado otras historias similares acerca de Jesús. Sin embargo, con tus nuevas habilidades para el estudio de la Biblia y tu nuevo interés en aplicar lo que estás aprendiendo, puedes comprender mejor el mensaje de Dios para ti y elegir ponerlo en práctica. Si decides tener una actitud como la de Jesús en Marcos 1, serás más semejante al Señor Jesús. Esa, mi amigo, es la meta máxima de todo estudio de la Biblia: llegar a ser más como Cristo.

UN MENSAJE PARA TI

Aplicar las enseñanzas de la Biblia en tu vida puede llevarte a hacer cosas muy diversas. A veces, tu aplicación requerirá que hagas algo específico, como devolver un libro de la biblioteca que lleva más de un mes de retraso en su fecha de devolución. Puede requerir que le pidas disculpas a tu hermana por haber sido grosero o a tu mamá por haberla tratado mal. En otras ocasiones, tu aplicación requerirá tiempo y esfuerzo, como dejar el hábito de mentir. Puede requerir que tomes una serie de medidas, como usar parte del dinero que te dan tus padres para pagar por algo que rompiste mientras hacías una tontería.

Las aplicaciones que tienen que ver con las acciones externas (como mentir, robar o gritar) pueden realizarse en cualquier momento con un acto de obediencia, un acto de tu voluntad. Pero las aplicaciones relacionadas con las actitudes y motivos del corazón pueden ser más difíciles de llevar a cabo debido a que requieren un cambio interno de la mente y el corazón. Este tipo de cambio es más profundo y exige que tomes decisiones correctas en obediencia a las instrucciones de Dios.

Ya sea que estés tratando de cambiar tus acciones o actitudes, te daré algunas sugerencias para que logres aplicar la Palabra de Dios a tu vida:

1. Escribe el asunto o problema en una tarjeta y llévala contigo como un recordatorio de lo que deseas cambiar.

2. Pide a Dios que te ayude a medida que te esfuerzas para lograr que ese cambio suceda.

3. Memoriza versículos bíblicos relacionados con ese asunto y ponlos en práctica.

LO QUE OTROS HAN DICHO SOBRE LA BIBLIA

Sé fiel a ti mismo.
Haz de cada día una obra maestra.
Ayuda a los demás.
Nútrete profundamente de buenos libros, especialmente de la Biblia.
Haz de la amistad un arte.
Construye un refugio para los días de lluvia.
Ora para recibir dirección y guía.
Ten en cuenta tus bendiciones y da gracias por ellas cada día.

JOHN WOODEN
Distinguido entrenador de baloncesto de la
Universidad de California en Los Ángeles

11

La alegría de descubrir tu Biblia: Parte 1

Cuando descubrí tus palabras las devoré;
son mi gozo y la delicia de mi corazón,
porque yo llevo tu nombre,
oh Señor Dios de los Ejércitos Celestiales.
Jeremías 15:16

Daniel y Martín se encontraban sentados en la playa mirando al mar mientras este adquiría un matiz entre azul y rosado. El sol apenas comenzaba a salir de entre las montañas detrás de ellos. Estaban esperando a que hubiera suficiente luz como para lanzarse a las olas. Mientras esperaban con sus tablas de surf a su lado, Martín se volvió a Daniel y dijo:

—Gracias, Daniel.

Daniel dio a Martín una mirada de entendimiento, pero solo para confirmar sus sospechas, le preguntó:

—¿Por qué?

—Tú sabes por qué, Daniel, por enseñarme cómo entender la Biblia. Es difícil decir qué ha sido más gratificante, si aprender de ti o pasar tiempo en la Biblia.

Daniel respondió:

—Estás bromeando ¿verdad?

—Bueno, leer y estudiar la Biblia juntos ha sido una gran

experiencia. No puedo creer lo que estoy a punto de decir, pero ahora disfruto de verdad al estudiar la Biblia —dijo Martín.

—¡Estupendo! Y eso nos lleva a un punto importante. Debemos asegurarnos de que este nuevo hábito de estudiar la Biblia continúe después de terminar con las reuniones semanales. Tengo un par de cosas más que quiero compartir durante las próximas dos semanas. Pero antes de empezar a pensar en eso, vayamos un rato al agua.

Y allá se fueron, echándose de lleno al agua con sus tablas de surf sobre una ola que se aproximaba.

Más tarde en la semana, cuando Martín llegó a la iglesia para reunirse con Daniel, este dijo:

—Martín, antes de empezar, quiero explicarte de dónde saqué el título para estos dos últimos estudios. Hace unos años leí un libro titulado *The Joy of Discovery* [La alegría del descubrimiento].[4] Su lectura tuvo un profundo efecto en mí. A causa de ese libro (y de otros) me di cuenta en qué consistía la alegría del descubrimiento a la hora de estudiar la Biblia. Me alegro de ver que también tú estés desarrollando esa misma alegría.

Daniel luego le pidió a Martín que abriera su Biblia en el libro de Jeremías. Y agregó que el profeta Jeremías fue también conocido como "el profeta llorón". Él no tuvo mucha alegría en su vida, porque el pueblo de Judá se negó a escuchar las advertencias de Dios sobre el juicio futuro. Durante mucho tiempo, Jeremías advirtió repetidas veces que vendrían graves consecuencias si el pueblo no se apartaba de su desobediencia. Lamentablemente, ellos no hicieron caso al profeta. Pero en medio de toda su miseria y sufrimiento, Jeremías nos dice cómo fue capaz de seguir adelante a pesar de que las personas rechazaron el mensaje de Dios:

> Cuando descubrí tus palabras las devoré; son mi gozo y la delicia de mi corazón, porque yo llevo tu nombre, oh Señor Dios de los Ejércitos Celestiales. Jeremías 15:16.

Lee Jeremías 15:16 de nuevo. ¿Qué dos cosas hicieron posible que Jeremías tuviera un gozo abundante y verdadero?

---

[4]. Oletta Wald, *The Joy of Discovery* (Minneapolis, MN: Augsburg Fortress, 1975).

Jeremías _____ la Palabra de Dios.

Jeremías _____ la Palabra de Dios.

Jeremías hizo el esfuerzo de descubrir lo que decía la Palabra de Dios. Solo después de abrirse a la Palabra de Dios, experimentó alegría. La verdadera alegría llega cuando conocemos a Dios por medio de su Palabra. Jeremías tenía el deseo de conocer a Dios y tú debes tener la misma actitud.

Una actitud esencial

Hay una actitud que determinará si vas a continuar leyendo fielmente la Palabra de Dios o no. Es una actitud que afectará tus acciones para el resto de tu vida. Es la actitud del deseo.

Es decir, el deseo de conocer a Dios. A fin de llegar a ser un buen estudiante de la Biblia, tienes que aprender a observar, interpretar y aplicar lo que ella dice. Y eso requiere trabajo, como hemos visto en este libro. Pero todo comienza con tener un deseo, un hambre real de Dios que viene del estudio de su Palabra. Este deseo debe surgir de dentro de ti. Ningún padre, líder de jóvenes, pastor ni amigo te puede dar ese anhelo. Si tienes sed de conocer a Dios y sus verdades, vas a leer y estudiar la Biblia una y otra vez para llegar a comprender mejor a Dios y su mensaje. Y ese deseo insaciable nunca se detendrá, sino que va a durar todo el resto de tu vida.

En el Salmo 42:1-2, ¿cómo describe el salmista sus sentimientos acerca de conocer a Dios?

Como el ciervo anhela las corrientes de las aguas, así te anhelo a ti, oh Dios. Tengo sed de Dios, del Dios viviente.

_____

_____

_____

¿Qué palabras utilizó el apóstol Pablo en Filipenses 3:10 para comunicar su pasión por Dios?

Quiero conocer a Cristo y experimentar el gran poder que lo levantó de los muertos.

Para conocer a Dios a través de su Hijo, Jesucristo, necesitas tener el deseo de entender su Biblia porque Dios se revela a sí mismo y a su Hijo por medio de su Palabra. Este deseo es una actitud en el corazón y es tu decisión.

No conocer la Escritura es no conocer a Cristo.

JERÓNIMO
Uno de los primeros padres de la Iglesia

Ocho pasos para experimentar la alegría del descubrimiento

¿Qué te motiva a levantarte temprano en una mañana de sábado para jugar un partido de fútbol con tu equipo o para ser el primero de tu familia en usar la computadora? Sencillamente, esa motivación es el deseo. Dentro de ti hay un anhelo de ser lo mejor que puedas en algún ámbito. Para cumplir ese deseo, tienes que dar pasos para que eso ocurra, ya sea apuntándote en el equipo de fútbol o de corredores de la escuela, o convirtiéndote en un Joven Explorador.

Como cristiano, debes tener esa clase de deseo por conocer a Dios. ¿Cuáles son los pasos para cultivar y satisfacer ese deseo? Aquí hay ocho pasos que puedes tomar y con seguridad harán que tu conocimiento de Dios aumente. Algunos de ellos contendrán conceptos que ya has aprendido en los capítulos anteriores. Sin embargo, es bueno repasarlos ya que a veces nos olvidamos de lo que aprendemos. Quiera Dios que se graben estos pasos en tu corazón y en tu mente para que se conviertan en un hábito para toda la vida.

Paso 1. Escucha predicaciones de la Biblia. Esto puede parecer un paso obvio y fácil, pero a algunos adolescentes les resulta difícil hacerlo. Puede que te preguntes: "¿Qué tiene de difícil escuchar?". El reto para todos nosotros cuando vamos al templo está en escuchar atentamente cuando el pastor o maestro habla. Nos resulta muy fácil distraernos con otros pensamientos. Terminamos escuchando con desinterés o sin prestar atención. Para escuchar el mensaje, debemos prestarle atención. Y si quieres recordar lo que oyes, aprende a tomar notas. Ve a la iglesia o al grupo de jóvenes con un cuaderno y un bolígrafo, y prepárate para tomar notas sobre lo que oyes.

En Lucas 8:11-15, Jesús enseñó una parábola sobre cuatro tipos de tierra y comparó esos terrenos con cuatro tipos de respuesta que las personas dan a la Palabra de Dios:

> [11]Este es el significado de la parábola: la semilla es la palabra de Dios.
>
> [12]Las semillas que cayeron en el camino representan a los que oyen el mensaje, pero viene el diablo, se lo quita del corazón e impide que crean y sean salvos.
>
> [13]Las semillas sobre la tierra rocosa representan a los que oyen el mensaje y lo reciben con alegría; pero como no tienen raíces profundas, creen por un tiempo y luego se apartan cuando enfrentan la tentación.
>
> [14]Las semillas que cayeron entre los espinos representan a los que oyen el mensaje, pero muy pronto el mensaje queda desplazado por las preocupaciones, las riquezas y los placeres de esta vida. Así que nunca crecen hasta la madurez.
>
> [15]Y las semillas que cayeron en la buena tierra representan a las personas sinceras, de buen corazón, que

oyen la palabra de Dios, se aferran a ella y con paciencia producen una cosecha enorme.

Según el versículo 15, ¿qué hace una persona de buen corazón con la Palabra de Dios?

_____

_____

_____

¿Cuál debería ser tu oración cuando vas al templo o grupo de jóvenes?

_____

_____

_____

Paso 2. Busca un momento y un lugar para estudiar la Palabra de Dios. El mundo a veces nos aturde. Apuesto a que mientras estás leyendo este libro, puedes oír los coches que pasan por la calle, el sonido de televisión, un perro que ladra y la gente hablando. Es difícil concentrarse, ¿no es cierto? Cuando pasas tiempo con Dios en oración y estudio de su Palabra, necesitas quietud. Lee Génesis 19:27 y anota cuándo y dónde Abraham se reunió con Dios.

Abraham se levantó temprano esa mañana y salió de prisa al lugar donde había estado en la presencia del Señor.

¿Cuándo? _____

¿Dónde? _____

Según el Salmo 63:1, ¿cuándo se reunió David con Dios y por qué? ¿Cuál fue su actitud?

Dios, Dios mío eres tú; de madrugada te buscaré; mi alma tiene sed de ti, mi carne te anhela, en tierra seca y árida donde no hay aguas (RVR-60).

¿Cuándo? _____

¿Por qué? _____

Su actitud o deseo: _____

¿Qué hace Jesús en Marcos 1:35?

A la mañana siguiente, antes del amanecer, Jesús se levantó y fue a un lugar aislado para orar.

¿Cuándo? _____

¿Dónde? _____

¿Por qué? _____

No estoy diciendo que debas levantarte temprano, ni la Biblia lo manda específicamente. Sin embargo, se desprende de estos ejemplos (y esto es probablemente cierto en tu propia experiencia) que si no te levantas un poco más temprano cada día para pasar tiempo con Dios, no vas a conseguir apartar tiempo para leer la Biblia y orar. Una vez más, solo vas a lograr encontrarte con Dios si lo deseas. ¿Qué tan profundo es tu deseo de llegar a conocer a Dios? La decisión es solo tuya.

Paso 3. Dedica tiempo a la oración. En toda la Biblia, los que aman a Dios se muestran como personas de oración. Y eso mismo se cumple a lo largo de la historia de la iglesia: los más grandes hombres y mujeres de fe han sido personas que cultivaron el hábito de la oración.

Quizá pienses que la oración no es tan importante o creas que eso es cosa de gente débil. Pero los hombres fuertes de Dios son hombres de oración. Sin la oración, no vas a crecer en tu amor y conocimiento de Dios.

Al igual que la lectura de la Biblia, la oración es una disciplina espiritual. Y, como todas las actividades, la oración requiere esfuerzo. Déjame darte algo más para pensar: si no oras (o no lo haces muy seguido), observa los puntos de esta lista:

Fíjate en tu deseo. También la oración tiene que ver con una actitud. Orar nunca se convertirá en un maravilloso hábito o disciplina espiritual si te falta el ingrediente principal, que es el deseo. Puede que sepas lo que debes hacer y que sepas por qué debes hacerlo, pero si no lo deseas, no se convertirá en una realidad en tu vida.

Fíjate en tu relación con Dios. ¿Hay algún asunto que ha levantado una barrera entre tú y Dios? Si es así, inclina tu corazón y admítelo ante Dios. Pídele que te ayude a hacer lo que sea necesario para eliminar los obstáculos que te impiden tener una relación abierta y amorosa con Él. Cuando entables una relación así con Él, podrás hablarle sobre cualquier tema, entre ellos, la toma de decisiones correctas.

Fíjate en tu estilo de vida. ¿Qué cosas o personas tienen influencia en ti? ¿Te rodeas de gente y de cosas que tienen una influencia positiva en tu vida y te acercan a las cosas de Dios? Si no es así, tendrás que pasar más tiempo en torno a esa clase de personas y cosas. Y si estás siendo influenciado por personas o cosas que ejercen un efecto negativo en tu deseo por Dios, permanece lejos de ellas. No dejes que nada ni nadie ponga en peligro tu relación con Dios y tu deseo de hablar con Él en oración.

Fíjate en tu comprensión. Espero que entiendas que la oración y el estudio bíblico son ejercicios espirituales que requieren que seas puro para poder hacer la voluntad de Dios. En otras palabras, tu vida tiene que ser recta delante de Dios. Si estás ocultando el pecado en tu corazón, eso inhibirá el ministerio que el Espíritu Santo quiere hacer en ti y a través de ti. ¿Estás permitiendo que las actitudes y las conductas equivocadas permanezcan en tu vida sin intentar controlarlas? El apóstol Pablo dijo que debemos deshacernos de los malos hábitos. Por ejemplo, ¿qué mal hábito se menciona en Efesios 4:29?

> No empleen un lenguaje grosero ni ofensivo. Que todo lo que digan sea bueno y útil, a fin de que sus palabras resulten de estímulo para quienes las oigan.

_____

_____

Según Efesios 4:30, ¿qué pasa si te niegas a cambiar un hábito como ese?

> No entristezcan al Espíritu Santo de Dios con la forma en que viven. Recuerden que él los identificó como suyos, y así les ha garantizado que serán salvos el día de la redención.

_____

_____

Es imposible alcanzar sabiduría y dirección espiritual cuando estás entristeciendo al Espíritu de Dios por medio de tu pecado y desobediencia. Por eso es importante orar no solo antes de leer y estudiar la Biblia, sino a lo largo del día para que puedas mantener las cuentas claras con Dios todo el tiempo.

En cuanto a la oración, ten presente que un poco es mejor que nada. Comienza orando durante unos minutos al levantarte cada mañana. A continuación, cultiva el hábito de hablar con Dios durante todo el día. ¿Te enfrentas a una prueba, una reunión, una actividad deportiva? ¿Tienes problemas con otro estudiante en la escuela? Ora para pedir sabiduría para la prueba. Ora para tener paciencia en la reunión. Ora para tener buenas reacciones en el evento deportivo, sobre todo si pierdes. Y, por supuesto, ora para tener sabiduría, paciencia y buena actitud hacia esa persona problemática de tu escuela.

UN MENSAJE PARA TI

¿Alguna vez te has perdido durante una caminata por el monte o te has visto separado de tus padres en el centro comercial? Una vez tuve una experiencia interesante cuando me perdí mientras corría en París, Francia. No conocía el idioma y no podía leer los carteles de las calles. ¿Cómo pude encontrar el camino de regreso al lugar donde me hospedaba? Hice dos cosas: primero, oré pidiendo orientación. Segundo, comencé a buscar un entorno que me resultara conocido.

Me gustaría transmitirte este mismo consejo mientras tú te vas abriendo camino por la vida. Primero, busca la ayuda de Dios a través de la oración no solo cuando te enfrentes a decisiones difíciles, sino también para tus decisiones cotidianas. Pídele a Dios que sea tu compañero en todo lo que haces.

Segundo, cuando no estés seguro de qué dirección debes seguir o de qué decisión tomar, busca la sabiduría y las promesas que conoces de la Palabra de Dios. Si eres fiel en orar y buscar la guía de Dios en su Palabra, puedes estar seguro de que "él te mostrará cuál camino tomar" (Proverbios 3:6). Te guiará. Te guardará de hacer algo incorrecto o insensato. Te ayudará a cumplir sus propósitos, que son mucho mejores que los tuyos propios. Llegarás a ser más como el Maestro y serás capaz de decir: "Quiero que se haga tu voluntad, no la mía" (Lucas 22:42).

> Hijo mío, nunca olvides las cosas que te he enseñado;
> guarda mis mandatos en tu corazón.
> Si así lo haces, vivirás muchos años,
> y tu vida te dará satisfacción.
> PROVERBIOS 3:1-2

LO QUE OTROS HAN DICHO SOBRE LA BIBLIA

Las Escrituras no fueron dadas para aumentar nuestro conocimiento, sino para cambiar nuestras vidas.

DWIGHT L. MOODY

Famoso evangelista de Chicago en el siglo XIX

12

La alegría de descubrir tu Biblia: Parte 2

Cuando descubrí tus palabras las devoré;
son mi gozo y la delicia de mi corazón,
porque yo llevo tu nombre,
oh Señor Dios de los Ejércitos Celestiales.
Jeremías 15:16

¿Alguna vez has tenido la sensación de que el mundo estaba llegando a su fin? Así es como Martín se sentía mientras llamaba a la puerta del pastor Daniel para su última reunión. No podía creer lo mucho que había crecido espiritualmente durante las semanas en que se había reunido con Daniel. Estaba triste porque las reuniones estaban llegando a su fin, pero se alegraba del tiempo que habían pasado juntos. Antes de este tiempo de aprendizaje y comprensión de cómo estudiar la Biblia, su vida no tenía un propósito definido. Ahora, con sus nuevos conocimientos y habilidades, estaba empezando a encontrar respuestas para las situaciones que enfrentaba en la vida e incluso su futuro.

Daniel abrió la puerta y saludó a Martín con su habitual sonrisa y mirada de respeto y ánimo. Tomaron asiento y Daniel entregó a Martín la segunda mitad de la lección que habían comenzado la semana anterior titulada "La alegría de descubrir tu Biblia".

Martín, estoy seguro de que te diste cuenta en la lección de la semana pasada que debes poseer la actitud del deseo si quieres seguir avanzando en el hábito del estudio de la Biblia. Vas a tener una idea de tu nivel de deseo una vez que hayamos terminado con nuestras sesiones de discipulado. Por ahora, como nos reunimos todas las semanas, no te ha resultado tan difícil mantener la disciplina. Pero, ¿qué va a pasar cuando estés solo con tu Biblia y Dios?

Más tarde esa noche, cuando Martín regresó a su casa, reflexionó sobre las palabras de Daniel. Hasta ahora, no había pensado en tener que motivarse a sí mismo en su compromiso de continuar en el estudio de la Biblia. Ahora estaba empezando a darse cuenta cabal de lo que venía: ¿Qué pasaría ahora que ya no iba a reunirse con el pastor? ¿Se mantendría fiel en el hábito de la oración y el estudio de la Biblia?

No había sido fácil para Martín levantarse un poco más temprano cada día para poder leer, estudiar y orar. Le había costado desarrollar ese hábito. Sin embargo, a pesar de todas las dificultades, Martín quería ser capaz de decirle a Daniel que había hecho sus deberes. Eso le ayudó a mantenerse responsable. Pero, ¿tendría todavía la misma determinación incluso después, cuando ya no se reuniera con el pastor?

Con esos pensamientos dando vueltas en su mente, Martín echó un vistazo a la hoja que Daniel le había entregado más temprano esa tarde. La semana anterior, habían empezado a estudiar los ocho pasos para experimentar la alegría de descubrir la Palabra de Dios. El versículo clave era Jeremías 15:16:

> Cuando descubrí tus palabras las devoré; son mi gozo y la delicia de mi corazón, porque yo llevo tu nombre, oh Señor Dios de los Ejércitos Celestiales.

¿Qué hizo Jeremías para experimentar alegría y deleite? Descubrió la Palabra de Dios y la devoró. Es decir, Jeremías buscó personalmente la Palabra de Dios y la atesoró en su corazón. ¿Cuál fue el resultado? La Palabra se convirtió en su "gozo" y en la "delicia" de su corazón.

Al igual que Jeremías, tú también debes hacer tu parte si quieres experimentar la alegría de descubrir la Biblia. Como hijo de Dios, el Espíritu de Dios mora dentro de ti. Él te fortalece y capacita para seguir fielmente los pasos que estamos estudiando. Hasta ahora hemos estudiado los tres primeros:

Paso 1. Escucha predicaciones de la Biblia.
Paso 2. Busca un momento y un lugar para estudiar la Palabra de Dios.
Paso 3. Dedica tiempo a la oración.

Consideremos ahora los siguientes cinco pasos.

Paso 4. Lee la Biblia. La lectura de la Biblia es un paso simple pero eficaz si buscas sentir la alegría de descubrir la Palabra de Dios. Ya estudiamos la mecánica de cómo leer la Biblia. La clave es hacer que sea un hábito permanente. Comienza en algún lugar de la Palabra de Dios, no importa cuál, y persevera en la lectura. La única manera incorrecta de leer la Biblia es la de no leerla.

Según Deuteronomio 17:19-20, ¿qué cuatro cosas le pasarían a cualquier futuro rey de Israel cuando leyera la Palabra de Dios? Subraya esas cuatro cosas buenas que vendrían sobre cualquier rey por ser fiel a la lectura las Escrituras.

> Tendrá esa copia siempre consigo y [el rey] la leerá todos los días de su vida. De esa manera, aprenderá a temer al Señor su Dios al obedecer todas las condiciones de esta serie de instrucciones y decretos. La lectura diaria impedirá que se vuelva orgulloso y actúe como si fuera superior al resto de sus compatriotas, y también impedirá que se aparte de los mandatos en lo más mínimo. Además, será una garantía de que él y sus descendientes reinarán por muchas generaciones en Israel.

¿Cómo puedes aplicar este pasaje a tu vida? ¿Por qué razones tú también debes leer la Biblia?

¿Qué podemos decir acerca de las distintas traducciones de la Biblia? La Biblia fue escrita originalmente en hebreo y griego. Así que cualquier versión en español que tengas es una traducción de los idiomas originales. Por tanto, solo los manuscritos originales (que ya no tenemos) han de considerarse completamente libres de errores de traducción. Sin embargo, desde el momento en que se escribieron las páginas originales, los escribas y los copistas han conservado cuidadosamente la Biblia al realizar copias fieles de los originales a lo largo de los siglos y los traductores han trabajado con gran esmero y dedicación para garantizar la precisión de su trabajo. De esa forma, Dios ha hecho que su Palabra esté disponible en muchos de los idiomas que las personas hablan hoy, incluido el español. Así que no te preocupes; lo que lees en la versión que tienes de la Biblia no puede ser incorrecto.

La decisión sobre qué versión de la Biblia leer se reduce a qué traducción y versión te resulte más fácil y cuál entiendas con más claridad. ¿Cuál es la razón de las diferencias que existen entre las traducciones? He aquí un resumen que puede serte útil:

Traducciones literales. Estas traducciones de la Biblia fueron producidas por estudiosos y traductores que, en el proceso de traducción, trataron de mantenerse lo más cerca posible de las palabras y frases exactas que se encuentran en los idiomas originales. Estas traducciones son cuidadosas en mantener el contexto histórico intacto en todo aspecto. En lengua española, las traducciones literales más conocidas y aceptadas universalmente son la versión Reina-Valera Revisada (rvr-60) y La Biblia de las Américas.

Traducciones libres. Estas Biblias no son en realidad traducciones, sino que tratan de comunicar el contenido de la Biblia de una manera diferente y más simple teniendo en cuenta al lector. A estas traducciones libres también se las conoce como paráfrasis. Dos ejemplos de ellas son La Biblia al Día (BAD) y La Nueva Biblia al Día (NBD).

Traducciones dinámicas. Los estudiosos que trabajaron en estas traducciones no se centraron tanto en la equivalencia de palabra por palabra, sino de los conceptos y pensamiento. Tradujeron palabras, expresiones y construcciones gramaticales de la lengua original como conceptos entendidos más fácilmente por los lectores de la lengua moderna en cuestión. Algunos ejemplos son la Nueva Versión Internacional (NVI), la Nueva Traducción Viviente (NTV) y la versión Dios Habla Hoy (DHH).

Si bien las traducciones dinámicas y las traducciones literales son útiles para estudiar la Biblia, si quieres llegar lo más cerca posible de los significados originales de las palabras y las frases en la Biblia, te conviene usar una traducción literal como la Reina-Valera de 1960.

Pero no importa qué versión utilices, lo importante es que dediques tiempo a leer la Biblia y perseveres en ese hábito. El doctor Harry Ironside, un respetado pastor y estudiante de la Biblia, a los 14 años de edad estaba preocupado por no haber leído toda la Biblia tantas veces como años tenía. Para cuando cumplió los 21 años ya había conseguido llegar a esa meta. Más adelante en su vida, las veces que había leído la Biblia superaron por un gran margen sus años de edad.

Al comenzar el hábito de la lectura de la Biblia, en vez de empezar en el Antiguo Testamento, quizá quieras leer un capítulo cada día de la vida de Jesús en cualquiera de los Evangelios (Mateo, Marcos, Lucas o Juan). Cualquiera de ellos es un buen lugar para comenzar.

Paso 5. Estúdiala. Es de vital importancia que no solo leas la Biblia, sino que la entiendas. El libro de Proverbios habla a menudo de encontrar o adquirir sabiduría. Es evidente que la sabiduría de Dios se encuentra en la Biblia. Por esa razón la estudiamos y extraemos su significado. Según estas palabras de Proverbios 2:3-5, ¿que debes hacer para obtener la sabiduría y qué va a suceder como resultado?

Clama por inteligencia y pide entendimiento. Búscalos como si fueran plata, como si fueran tesoros escondidos… (vv. 3-4).

_____

_____

_____

…Entonces comprenderás lo que significa temer al Señor y obtendrás conocimiento de Dios (v. 5).

_____

_____

_____

Según 2 Timoteo 2:15, ¿qué meta debes tener cuando estudias la Biblia?

Esfuérzate para poder presentarte delante de Dios y recibir su aprobación. Sé un buen obrero, alguien que no tiene de qué avergonzarse y que explica correctamente la palabra de verdad.

_____

_____

_____

En lo concerniente al estudio de la Biblia, hay diferentes tipos de Biblias que te serán de utilidad. Primero, hay Biblias con referencia. Estas cuentan con diferentes herramientas que te ayudan a entender mejor el texto. Por ejemplo, hay referencias cruzadas en los márgenes de cada página, que te muestran otros pasajes que puedes leer para aumentar tu comprensión. A medida que dedicas tiempo a leer las referencias cruzadas, llegarás a saber más acerca de las verdades y los temas que se encuentran en los pasajes que estás leyendo.

También hay Biblias de estudio. Estas no solo incluyen las referencias cruzadas en los márgenes, sino también notas adicionales y comentarios en la parte inferior de cada página. Esas notas ayudan a proporcionar claridad y comprensión acerca de lo que estás leyendo. Si deseas profundizar en tu estudio de la Biblia, pide a tu pastor o líder de jóvenes que te recomiende una buena Biblia de estudio. O también puedes entrar a Internet o visitar una librería cristiana local para mirar las diferentes Biblias y diseños, y pedirle al librero su opinión.

Paso 6. Memorízala. Si eres como la mayoría de los adolescentes, no te cuesta nada memorizar la letra de tus canciones favoritas. Con frecuencia escucho a los jóvenes cantar mientras caminan por el centro comercial o por un pasillo en la tienda. Las letras están grabadas en su memoria y fluyen por sus bocas. Bueno, la memorización de la Palabra de Dios puede ser así de fácil y natural si eliges que sea una parte de tu vida.

Mira estos versículos clave. Si los memorizas, pueden ayudarte a tomar decisiones correctas. ¿Qué te dice a ti (una persona joven) el Salmo 119:9-11 acerca de una forma segura de lidiar con el pecado?

¿Cómo puede un joven mantenerse puro? Obedeciendo tu palabra. Me esforcé tanto por encontrarte; no permitas que me aleje de tus mandatos. He guardado tu palabra en mi corazón, para no pecar contra ti.

_____

_____

_____

Expresa con tus propias palabras lo que Dios quiere que hagas con tu Biblia según estos versículos:

Comprométete de todo corazón a cumplir estas palabras que te doy. Átalas a tus manos y llévalas sobre la frente para recordarlas (Deuteronomio 11:18).

_____

_____

_____

...escríbelas en lo profundo de tu corazón (Proverbios 7:3).

Lee Mateo 4:4-10 en tu Biblia. ¿Cómo combatió Jesús las tentaciones de Satanás y qué dijo Jesús a Satanás cuando lo tentó según el

... versículo 4?

... versículo 7?

... versículo 10?

¿Qué tienen en común los versículos 4, 7 y 10, es decir, cómo combatió Jesús las tentaciones de Satanás, qué palabras usó?

¿Cómo puedes aplicar el ejemplo de Jesús cuando enfrentas tentaciones?

Lee Colosenses 3:16. ¿Qué crees que quiso decir el apóstol con la frase: "Que el mensaje de Cristo, con toda su riqueza, llene sus vidas"?

_____
_____
_____

Lee el Salmo 40:8 y escribe su significado con tus propias palabras:

Me complace hacer tu voluntad, Dios mío, pues tus enseñanzas están escritas en mi corazón (Salmo 40:8).

_____
_____
_____

Hay investigaciones que muestran que después de 24 horas, puedes recordar con precisión el…

- 5% de lo que escuchas,
- 15% de lo que lees,
- 35% de lo que estudias,
- pero puedes recordar el 100% de lo que memorizas.

No conozco ninguna forma de atesorar la Palabra
que valga más la pena
que la memorización de las Escrituras.

DAWSON TROTMAN
Fundador de Los Navegantes

Paso 7. Medita en su mensaje. La meditación es una disciplina espiritual. Meditar en la Biblia simplemente significa pensar en oración en la Palabra de Dios y en qué aplicación tiene para tu vida.

Lee los tres versículos siguientes en tu Biblia. ¿Qué promesas se hacen para la persona que medita continuamente en la Palabra de Dios?

Salmo 1:1-3. Según el versículo 3, ¿qué promesa da Dios a los que meditan en su Palabra día y noche?

_____

_____

Josué 1:8. ¿Qué promesa reciben aquellos que meditan en la Palabra de Dios día y noche?

_____

_____

Lucas 6:45. ¿De qué forma la meditación en la Palabra de Dios afecta tu manera de hablar y acciones?

_____

_____

Paso 8. Vívela. La Biblia no es un libro de texto que debemos leer y recordar solo para aprobar un examen. Dios no te dio su Palabra simplemente para informarte de hechos y darte información, sino para transformarte. El propósito de este libro acerca de la comprensión de la Biblia es darte herramientas para que entiendas el mensaje de Dios a fin de que puedas responder correctamente a su voluntad el resto de tu vida.

Según Romanos 12:2, ¿cuáles son las dos opciones que enfrentas en tu vida?

No imiten las conductas ni las costumbres de este mundo, más bien dejen que Dios los transforme en personas nuevas al cambiarles la manera de pensar. Entonces aprenderán a conocer la voluntad de Dios para ustedes, la cual es buena, agradable y perfecta.

Opción 1 _____

Opción 2 _____

¿Qué acompaña tu elección de la opción 2?

_____

_____

_____

Aquí tienes un par de aplicaciones obvias:

- No elijas la opción 1. Esa te lleva a la destrucción.
- Elige la opción 2. La transformación se produce mientras el Espíritu Santo cambia tu forma de pensar a través del estudio constante y la meditación de las Escrituras. ¿El resultado? La vida santa, que Dios aprueba.

UN MENSAJE PARA TI

Mi perseverante amigo, estás a punto de llegar a la meta, ya casi has terminado con este libro. Gracias por perseverar para llegar hasta el final. Pero hasta ahora, has dado solo el primer paso en tu búsqueda. Recuerda lo que dijo Daniel a Martín: "Por ahora, como nos reunimos todas las semanas, no te ha resultado tan difícil mantener la disciplina. Pero, ¿qué va a pasar cuando estés solo con tu Biblia y Dios?

Esa es mi pregunta para ti: ¿Qué vas a hacer a partir de ahora? ¿Cuán motivado vas a estar la próxima semana o el próximo mes para leer y estudiar la Biblia?

Considera esto: cuando queremos algo o lo consideramos

importante, lo hacemos, sin importar el precio y el esfuerzo que cueste, ¿cierto? Entonces, ¿qué relación tiene esta premisa con tu deseo o de la falta de deseo por leer la Biblia? Se relaciona porque, si algo es importante para ti, como la lectura de la Biblia, encontrarás el tiempo para hacerlo, dedicarás el esfuerzo necesario y cultivarás el hábito de acercarte a la Palabra. Por tanto, si te despiertas la próxima semana o el próximo mes y no estás leyendo la Biblia, evidentemente Dios y su Palabra no son importantes para ti.

Pido a Dios que ese no sea tu caso. Oro pidiendo que la información de este libro haya aumentado tu deseo de leer la Biblia y que sigas los ocho pasos que has aprendido para que tu tiempo de estudio de la Biblia sea productivo, gratificante y transformador. Que las palabras del profeta Jeremías sean tu deseo de toda la vida: "Cuando descubrí tus palabras las devoré; son mi gozo y la delicia de mi corazón" (Jeremías 15:16).

LO QUE OTROS HAN DICHO SOBRE LA BIBLIA

Encuentro más indicios de autenticidad en la Biblia que en cualquier historia profana.

SIR ISAAC NEWTON
Matemático y físico inglés

SECCIÓN DE APÉNDICES

Introducción a la sección de apéndices

Para ayudarte a continuar creciendo en tus habilidades de estudio de la Biblia, he añadido esta sección de apéndices. Quizá quieras seguir adelante y leer esta sección ahora, o tal vez más tarde, cuando estés listo para recibir un poco más de ánimo y puntos de vista adicionales. De cualquier forma, no dejes de echarle un vistazo. Este material te resultará útil para tu meta de comprender mejor la Biblia.

Al *Apéndice 1* le hemos dado el título de "Una guía rápida para el estudio de la Biblia". Allí se resumen todos los pasos sobre cómo estudiar la Biblia, así que si hay algo en este libro que no te resulta claro o quieres un resumen rápido de lo que has aprendido, este apéndice te ayudará.

El Apéndice 2 se titula "Herramientas útiles para el estudio de la Biblia". Encontrarás que es divertido familiarizarte con los diferentes tipos de herramientas de estudio bíblico y materiales de referencia que te pueden ayudar en el estudio. El conocimiento práctico de estas herramientas bíblicas te ayudará a disfrutar de una vida de gratificante estudio de la Biblia.

El *Apéndice 3* se titula "Plan para leer la Biblia en un año". A lo largo de este libro he hecho hincapié en la importancia de leer la Biblia no solo en partes aisladas, sino en su totalidad. Muy pocos cristianos han leído toda la Biblia, siquiera una sola vez. Conviértete en uno de los pocos que se comprometen a leer toda la Biblia al menos una vez. Para ayudarte a lograrlo, he incluido este plan de lectura (busca en las páginas 181-187). Después de terminar la lectura de cada día, puedes marcar la casilla correspondiente. Estas son algunas estadísticas sorprendentes que te permitirán ver que leer toda la Biblia es una meta factible:

Se tarda 70 horas y 40 minutos en leer toda la Biblia en voz alta.
Se necesitan 52 horas y 20 minutos para leer el Antiguo Testamento.
Se requieren 18 horas y 20 minutos para leer el Nuevo Testamento.
Hacen falta menos de 12 minutos al día para leer la Biblia en un año.[5]

Calendario para tus momentos de quietud. Uno de los pasos más importantes para crecer como cristiano es pasar tiempo a solas con Dios cada día. Este calendario te ayudará a tener constancia en tus momentos de quietud. Al ir llenando los espacios de cada columna en el calendario, procura marcar progresivamente todos los días, no marcar uno u otro de forma aislada. Lo ideal es que las columnas queden marcadas en la forma más completa posible, de manera que muestren que estás haciendo un progreso constante en encontrarte con Dios.

---

5. Roy B. Zuck, ed., *The Speaker's Quote Book* (Grand Rapids, MI: Kregel, 1997), p. 38.

Apéndice 1

Una guía rápida para el estudio bíblico

Una de las actividades más nobles en la que puede embarcarse un hijo de Dios es llegar a conocer y comprender mejor a Dios. La mejor manera en que podemos lograrlo es leyendo atentamente el libro que Él ha entregado, la Biblia, que nos comunica quién es Él y su plan para la humanidad. Hay varias maneras en que podemos estudiar la Biblia, pero uno de los métodos más eficaces y simples para la lectura y comprensión de la Palabra de Dios implica tres pasos sencillos:

Paso 1: Observación. *¿Qué dice este pasaje?*
Paso 2: Interpretación. *¿Qué significa este pasaje?*
Paso 3: Aplicación. *¿Qué es lo que voy a hacer con lo que el pasaje dice y significa?*

La observación es el primero y más importante de los pasos en el proceso. Al leer el texto de la Biblia, es necesario examinar cuidadosamente lo que dice y cómo lo dice. Hay que fijarse en lo siguiente:

- *Términos, no palabras.* Las palabras pueden tener muchos significados, pero los términos son palabras que se usan de una manera específica en un contexto específico. (Por ejemplo, según el *Gran Diccionario Usual de la Lengua Española*, de Larousse, la palabra *tronco* puede tener hasta 11 significados; podría aplicarse a un árbol, al cuerpo humano, a una familia, a un conducto o canal principal, etc. Sin embargo, cuando lees: "Ese árbol tiene un tronco muy grande", sabes exactamente lo que significa la palabra, lo que hace que sea un término).

- *Estructura.* Si te fijas en tu Biblia, verás que el texto tiene unidades llamadas *párrafos* (con sangría o marcadas con el símbolo ¶). Un párrafo es una unidad de pensamiento completo. Al notar y entender cada unidad de párrafo, puedes descubrir el contenido del mensaje del autor.

- *Énfasis.* La cantidad de espacio o la cantidad de capítulos o versículos dedicados a un tema específico revelará la importancia del tema en cuestión (por ejemplo, observa el énfasis de Romanos 9—11 y del Salmo 119).

- *Repetición.* Esa es otra manera mediante la cual un autor demuestra que un tema es importante. Si leemos 1 Corintios 13 y vemos que el autor utiliza la palabra "amor" seis veces en solo 13 versículos, podemos concluir que el amor es la idea central en ese capítulo.

- *Relación entre las ideas.* Es necesario prestar mucha atención a ciertas relaciones que aparecen en el texto:

  — Causa y efecto: "Bien hecho, mi buen siervo fiel. Has sido fiel en administrar esta pequeña cantidad, así que ahora te daré muchas más responsabilidades" (Mateo 25:21).

  — Condiciones: "Pero si mi pueblo, que lleva mi nombre, se humilla y ora, busca mi rostro y se aparta de su conducta perversa, yo oiré desde el cielo, perdonaré sus pecados y restauraré su tierra (2 Crónicas 7:14).

  — Preguntas y respuestas: "¿Quién es el Rey de gloria? El Señor, fuerte y poderoso" (Salmo 24:8).

- *Comparaciones y contrastes*. Por ejemplo: "Han oído que a nuestros antepasados se les dijo... Pero yo digo..." (Mateo 5:21-22).
- *Género literario*. La Biblia es literatura, y los tres tipos principales de literatura en la Biblia son el discurso (las epístolas), la prosa (la historia del Antiguo Testamento) y la poesía (los Salmos). Tener en cuenta el tipo de literatura marca una gran diferencia cuando se leen e interpretan las Escrituras.
- *Atmósfera*. El autor tuvo un motivo o una carga en particular al escribir cada pasaje, capítulo y libro. Presta atención al estilo, al tono y a la urgencia de la escritura.

Después de haber considerado estos aspectos, ya estás listo para hacer las preguntas clave:

¿Quién?	¿Quiénes son las personas en este pasaje?
¿Qué?	¿Qué está sucediendo en este pasaje?
¿Dónde?	¿Dónde está teniendo lugar este suceso?
¿Cuándo?	¿En qué hora, año y época sucedió?

Hacer esas cuatro preguntas clave puede ayudarte a notar los términos e identificar la atmósfera. Las respuestas también te permitirán utilizar tu imaginación para recrear la escena que estás leyendo.

Al responder a esas preguntas e imaginar el evento, probablemente te surgirán algunas preguntas propias. Hacer esas preguntas adicionales para la comprensión te ayudará a construir un puente entre la observación y la interpretación, que son el primer y segundo paso del proceso de estudio de la Biblia.

La interpretación consiste en descubrir el significado de un pasaje, el pensamiento o idea principal del autor. Responder a las preguntas que surgen durante la observación te ayudará en el proceso de interpretación. Hay cinco pistas que pueden ayudarte a determinar la idea principal del autor:

- *Contexto*. Puedes responder al 75% de tus preguntas sobre un pasaje al leer el texto. Leer el texto implica mirar el contexto cercano (el versículo inmediatamente antes y después), así como el contexto lejano (el párrafo o capítulo que precede o sigue al pasaje que estás estudiando).

- *Referencias cruzadas.* Deja que las Escrituras interpreten a las Escrituras. Es decir, deja que otros pasajes de la Biblia aclaren el pasaje que estás estudiando. Al mismo tiempo, ten cuidado de no dar por supuesto que la misma palabra o frase en dos pasajes distintos significa lo mismo.
- *Cultura.* La Biblia fue escrita hace mucho tiempo, así que cuando la interpretamos, tenemos que entenderla desde el contexto cultural de los escritores.
- *Conclusión.* Después de haber respondido a tus preguntas para una mejor comprensión por medio del contexto, de las referencias cruzadas y de la cultura, puedes hacer una declaración preliminar del significado del pasaje. Recuerda que si tu pasaje consiste de más de un párrafo, es posible que el autor haya transmitido más de un pensamiento o idea.
- *Consulta.* La lectura de comentarios bíblicos, que son libros escritos por estudiosos de la Biblia, puede ayudarte a interpretar las Escrituras.

La aplicación es la razón por la cual estudiamos la Biblia. Queremos que nuestras vidas cambien; queremos ser obedientes a Dios y ser cada vez más semejantes a Jesucristo. Después de haber observado un pasaje y de haberlo interpretado o comprendido según nuestro mejor entendimiento, debemos entonces aplicar su verdad a nuestra propia vida. Te recomiendo que cada vez que estudies un pasaje de las Escrituras, hagas las siguientes preguntas:

- ¿Cómo afecta la verdad aquí revelada mi relación con Dios?
- ¿Cómo afecta esta verdad mi relación con los demás?
- ¿Cómo me afecta esta verdad a mí?

- ¿De qué manera esta verdad afecta mi respuesta al enemigo, Satanás?

El paso de la aplicación no se completa con la simple respuesta a estas preguntas; la clave está en poner en práctica lo que Dios te ha enseñado durante el estudio. Aunque no sea posible aplicar a consciencia todo lo que has aprendido en el estudio bíblico en un mismo momento, sí puedes aplicas aunque sea algo de lo aprendido. Y cuando te esfuerces por aplicar una verdad a tu vida, Dios bendecirá tu esfuerzo, como señalamos anteriormente, al hacerte cada vez más a la imagen de Jesucristo.

Recursos útiles para el estudio bíblico:

Concordancias, por ejemplo, la de Strong.
Diccionarios de la Biblia, por ejemplo, el de Holman.
Gran Diccionario Usual de la Lengua Española. Larousse.
Diccionario de los usos correctos del español. Estrada.
Biblia de estudio: Vidas trasformadas. Editorial Portavoz.
Biblia en orden cronológico. Editorial Portavoz.
Manuales bíblicos, por ejemplo: *Compendio manual Portavoz, Auxiliar bíblico Portavoz, Nuevo manual bíblico de Unger.*
Guía bíblica esencial. Jim George.
Atlas bíblico Portavoz.
De qué trata la Biblia, Henrietta Mears
Nuevo manual de usos y costumbres de los tiempos bíblicos. Ralph Gower.
Preguntas y respuestas sobre cómo interpretar la Biblia, R. L. Plummer.
Comentario MacArthur del Nuevo Testamento. Editorial Portavoz.

Apéndice 2

Herramientas útiles para el estudio de la Biblia

Prueba a hacer este ejercicio útil y que no requiere gastos de tu parte. Pregunta a tu pastor o líder de jóvenes si puedes echar un vistazo a su biblioteca. (O también puedes visitar una biblioteca pública o la de algún instituto o seminario bíblico). Trata de localizar estas herramientas de referencia que son útiles para cuando estudias la Biblia.

1. *Consulta una concordancia.* La palabra *concordancia* viene de la palabra raíz *concordia*, que significa un acuerdo entre personas o, en nuestro caso, el acuerdo gramatical. Una concordancia básicamente enumera los usos de una misma palabra en la Biblia. Esas listas aparecen en orden alfabético. Una concordancia muestra cada lugar en que aparece una palabra específica en la Biblia, por lo general con una breve cita que muestra el contexto. Una concordancia puede ayudarte a localizar un versículo cuando solo recuerdas algunas de las palabras, pero no la referencia.

En español, puedes encontrar concordancias de la versión Reina-Valera de 1960, publicada por las Sociedades Bíblicas Unidas de América Latina; y de la Nueva Versión Internacional, publicada por Editorial Vida. Una concordancia muy conocida es la *Nueva Concordancia Strong Exhaustiva*, publicada por Editorial Caribe.

¿Qué concordancias encontraste en la biblioteca de tu pastor?

_____
_____
_____

Elige una y ábrela. Supongamos que quieres saber más sobre el "arca del pacto". Busca el tema titulado "arca" y observa la lista que sigue. ¿Qué versículos incluyen la palabra "arca"? (Una advertencia: no estás buscando el "arca de Noé", sino el "arca del pacto").

¿Qué libro de la Biblia contiene la primera referencia al arca del pacto?

_____

¿Qué libro de la Biblia contiene la última referencia?

_____

La mayoría de las Biblias contienen una breve concordancia en las últimas páginas. Si andas buscando una nueva Biblia para usarla en tu estudio personal, elige una que incluya una concordancia.

2. *Consulta herramientas temáticas.* Una de las más conocidas se titula *Nave: Índice temático de la Biblia* (Grupo Nelson, 1999). Esta obra fue el resultado de 14 años de incansable estudio de Orville James Nave, el autor, y de su esposa. En esta obra puedes encontrar la mayoría de los asuntos o temas que se abordan en la Biblia, organizados de manera temática.

Otras herramientas temáticas útiles son *¿Y eso está en la Biblia?* (Broadman & Holman, 2002) y *Encuéntrelo rápidamente en la Biblia* (Editorial Mundo Hispano, 2002).

¿Qué herramientas temáticas has encontrado en la biblioteca de tu pastor o líder de jóvenes?

_____
_____
_____

En el recurso temático que descubriste, ¿puedes encontrar alguna referencia al arca del pacto? Busca los temas *arca* y *pacto*. ¿Qué encontraste?

_____

_____

_____

¿Qué información adicional te proporcionó esta herramienta sobre el arca del pacto?

_____

_____

_____

3. *Consulta diccionarios.* Existen dos tipos de diccionarios:

Diccionarios de la lengua española. Dos ejemplos de diccionarios del español son el *Gran Diccionario Usual de la Lengua Española*, de Larousse; y el *Diccionario de los usos correctos del español*, de Estrada. También puedes encontrar el diccionario de la Real Academia Española en línea (www.rae.es). Busca la palabra *arca* y anota abajo algunas de sus definiciones.

_____

_____

Diccionarios bíblicos. Algunos ejemplos son el *Diccionario bíblico ilustrado Holman*, de B & H Español; el *Diccionario Ilustrado de la Biblia*, de Grupo Nelson; y el *Nuevo diccionario bíblico ilustrado* (Vila/Escuain) de Editorial Clie. ¿Qué diccionarios bíblicos encontraste entre los libros de consulta de tu pastor o líder de jóvenes? Menciónalos a continuación.

_____

_____

Busca la frase *arca del pacto* en uno de los diccionarios bíblicos y escribe algunas notas sobre su construcción, el lugar donde estaba ubicado en el Tabernáculo y a dónde fue trasladada en diferentes momentos de su historia.

_____

_____

_____

4. *Consulta enciclopedias ilustradas de la Biblia.* Estos libros son muy similares a los diccionarios, pero por lo general tienen entradas más extensas y a veces incluyen ilustraciones o imágenes. Un ejemplo es la *Enciclopedia ilustrada de realidades de la Biblia*, de Grupo Nelson. Si encuentras una enciclopedia de la Biblia en las estanterías de tu pastor, busca la entrada *arca del pacto*. ¿Qué información adicional encuentras en la enciclopedia que no estaba en las otras herramientas que has utilizado hasta ahora?

_____

_____

_____

5. *Consulta un atlas histórico de la Biblia.* Por ejemplo, el *Atlas Histórico Westminster de la Biblia*, de Editorial Mundo Hispano. ¿Encontraste alguno? Menciónalo a continuación.

_____

_____

_____

Si el atlas incluye alguna mención del traslado del arca del pacto desde el lugar donde fue construida originalmente en el desierto hasta su lugar de asentamiento definitivo en el templo de Salomón, describe el camino que recorrió. Fíjate si encuentras un mapa de ese trayecto, ya que te ayudará a identificar los lugares. Describe brevemente el recorrido del arca:

6. *Consulta libros de estudios de palabras clave en la Biblia.* En 2 Timoteo 3:16, se afirma: "Toda la Escritura es inspirada por Dios y es útil". Si quieres entender la perspectiva y el trasfondo de los antiguos escritores judíos y cristianos de la Biblia, es importante que entiendas los significados de palabras específicas utilizadas en las Escrituras. Te resultará valioso saber lo que significaban las palabras en su uso original. Existen diversas herramientas que pueden ayudarte a investigar los significados de las palabras usadas en la Biblia, por ejemplo, el *Diccionario Expositivo de Palabras del Antiguo y del Nuevo Testamentos*, de W. E. Vine, publicado por Grupo Nelson.

7. *Consulta los libros de estudio bíblico.* Estas herramientas dan una explicación resumida de cada libro de la Biblia y también contienen breves descripciones de determinados versículos o pasajes. Existen tres categorías de libros de estudio bíblico:

- Estudios de toda la Biblia
- Estudios de libros del Antiguo Testamento
- Estudios de libros del Nuevo Testamento

Algunos ejemplos son *Panorama del Antiguo Testamento* y *Panorama del Nuevo Testamento*, de Paul Benware, publicados por Editorial Portavoz, y la *Guía bíblica Portavoz* y el *Auxiliar bíblico Portavoz*.

8. *Consulta comentarios bíblicos.* Algunos comentarios de la Biblia constan de un solo volumen, otros están compuestos de dos o varios volúmenes. Un comentario suele analizar todo un libro de la Biblia, versículo por versículo, y ofrece explicaciones detalladas del texto. Los comentarios son más detallados que los estudios

generales y sus autores suelen ser estudiosos de la Biblia con amplio conocimiento. (Nota: El autor de un comentario aborda su proyecto desde su propia perspectiva teológica. Antes de elegir un comentario para tu estudio personal, pídele a tu pastor o líder de jóvenes que te aconseje sobre cuáles le parecen mejores).

También puedes encontrar comentarios que abarcan el Antiguo o el Nuevo Testamento, por ejemplo, el *Comentario bíblico Moody* y el *Comentario MacArthur del Nuevo Testamento*, publicados por Editorial Portavoz.

Lo más interesante es que muchas de estas herramientas de estudio bíblico ya están disponibles en formato electrónico, para que puedas utilizarlas en tu computadora portátil o tableta.

Toda la información que has aprendido te da una idea de los diferentes tipos de herramientas que están disponibles para tu uso a medida que creces en tu conocimiento y comprensión de la Biblia. Estas herramientas te pueden ser útiles ahora mismo, mañana, la próxima semana y el próximo año. A medida que busques ayuda para profundizar cada vez más en la asombrosa Palabra de Dios, encontrarás que las herramientas de estudio bíblico son de gran utilidad.

Apéndice 3

Plan para leer la Biblia en un año

ENERO

Día	Lectura	Día	Lectura
☐ 1	Génesis 1—3	☐ 17	Éxodo 8—11
☐ 2	Génesis 4—7	☐ 18	Éxodo 12—14
☐ 3	Génesis 8—11	☐ 19	Éxodo 15—18
☐ 4	Génesis 12—15	☐ 20	Éxodo 19—21
☐ 5	Génesis 16—18	☐ 21	Éxodo 22—24
☐ 6	Génesis 19—22	☐ 22	Éxodo 25—28
☐ 7	Génesis 23—27	☐ 23	Éxodo 29—31
☐ 8	Génesis 28—30	☐ 24	Éxodo 32—34
☐ 9	Génesis 31—34	☐ 25	Éxodo 35—37
☐ 10	Génesis 35—38	☐ 26	Éxodo 38—40
☐ 11	Génesis 39—41	☐ 27	Levítico 1—3
☐ 12	Génesis 42—44	☐ 28	Levítico 4—6
☐ 13	Génesis 45—47	☐ 29	Levítico 7—9
☐ 14	Génesis 48—50	☐ 30	Levítico 10—13
☐ 15	Éxodo 1—4	☐ 31	Levítico 14—16
☐ 16	Éxodo 5—7		

FEBRERO

Día	Lectura	Día	Lectura
☐ 1	Levítico 17—20	☐ 15	Números 24—26
☐ 2	Levítico 21—23	☐ 16	Números 27—29
☐ 3	Levítico 24—27	☐ 17	Números 30—32
☐ 4	Números 1—2	☐ 18	Números 33—36
☐ 5	Números 3—4	☐ 19	Deuteronomio 1—2
☐ 6	Números 5—6	☐ 20	Deuteronomio 3—4
☐ 7	Números 7—8	☐ 21	Deuteronomio 5—7
☐ 8	Números 9—10	☐ 22	Deuteronomio 8—10
☐ 9	Números 11—13	☐ 23	Deuteronomio 11—13
☐ 10	Números 14—15	☐ 24	Deuteronomio 14—16
☐ 11	Números 16—17	☐ 25	Deuteronomio 17—20
☐ 12	Números 18—19	☐ 26	Deuteronomio 21—23
☐ 13	Números 20—21	☐ 27	Deuteronomio 24—26
☐ 14	Números 22—23	☐ 28	Deuteronomio 27—28

MARZO

Día	Lectura	Día	Lectura
☐ 1	Deuteronomio 29—30	☐ 18	Rut
☐ 2	Deuteronomio 31—32	☐ 19	1 Samuel 1—3
☐ 3	Deuteronomio 33—34	☐ 20	1 Samuel 4—6
☐ 4	Josué 1—4	☐ 21	1 Samuel 7—9
☐ 5	Josué 5—7	☐ 22	1 Samuel 10—12
☐ 6	Josué 8—10	☐ 23	1 Samuel 13—14
☐ 7	Josué 11—14	☐ 24	1 Samuel 15—16
☐ 8	Josué 15—17	☐ 25	1 Samuel 17—18
☐ 9	Josué 18—21	☐ 26	1 Samuel 19—20
☐ 10	Josué 22—24	☐ 27	1 Samuel 21—23
☐ 11	Jueces 1—3	☐ 28	1 Samuel 24—26
☐ 12	Jueces 4—6	☐ 29	1 Samuel 27—29
☐ 13	Jueces 7—9	☐ 30	1 Samuel 30—31
☐ 14	Jueces 10—12	☐ 31	2 Samuel 1—3
☐ 15	Jueces 13—15		
☐ 16	Jueces 16—18		
☐ 17	Jueces 19—21		

Plan para leer la Biblia en un año

ABRIL

Día	Lectura	Día	Lectura
☐ 1	2 Samuel 4—6	☐ 16	1 Reyes 19—20
☐ 2	2 Samuel 7—10	☐ 17	1 Reyes 21—22
☐ 3	2 Samuel 11—13	☐ 18	2 Reyes 1—3
☐ 4	2 Samuel 14—15	☐ 19	2 Reyes 4—6
☐ 5	2 Samuel 16—17	☐ 20	2 Reyes 7—8
☐ 6	2 Samuel 18—20	☐ 21	2 Reyes 9—11
☐ 7	2 Samuel 21—22	☐ 22	2 Reyes 12—14
☐ 8	2 Samuel 23—24	☐ 23	2 Reyes 15—17
☐ 9	1 Reyes 1—2	☐ 24	2 Reyes 18—19
☐ 10	1 Reyes 3—5	☐ 25	2 Reyes 20—22
☐ 11	1 Reyes 6—7	☐ 26	2 Reyes 23—25
☐ 12	1 Reyes 8—9	☐ 27	1 Crónicas 1—2
☐ 13	1 Reyes 10—12	☐ 28	1 Crónicas 3—5
☐ 14	1 Reyes 13—15	☐ 29	1 Crónicas 6—7
☐ 15	1 Reyes 16—18	☐ 30	1 Crónicas 8—10

MAYO

Día	Lectura	Día	Lectura
☐ 1	1 Crónicas 11—13	☐ 17	2 Crónicas 32—33
☐ 2	1 Crónicas 14—16	☐ 18	2 Crónicas 34—36
☐ 3	1 Crónicas 17—19	☐ 19	Esdras 1—4
☐ 4	1 Crónicas 20—22	☐ 20	Esdras 5—7
☐ 5	1 Crónicas 23—25	☐ 21	Esdras 8—10
☐ 6	1 Crónicas 26—27	☐ 22	Nehemías 1—4
☐ 7	1 Crónicas 28—29	☐ 23	Nehemías 5—8
☐ 8	2 Crónicas 1—4	☐ 24	Nehemías 9—10
☐ 9	2 Crónicas 5—7	☐ 25	Nehemías 11—13
☐ 10	2 Crónicas 8—10	☐ 26	Ester 1—3
☐ 11	2 Crónicas 11—14	☐ 27	Ester 4—7
☐ 12	2 Crónicas 15—18	☐ 28	Ester 8—10
☐ 13	2 Crónicas 19—21	☐ 29	Job 1—4
☐ 14	2 Crónicas 22—25	☐ 30	Job 5—8
☐ 15	2 Crónicas 26—28	☐ 31	Job 9—12
☐ 16	2 Crónicas 29—31		

JUNIO

Día	Lectura	Día	Lectura
☐ 1	Job 13—16	☐ 16	Salmos 51—56
☐ 2	Job 17—20	☐ 17	Salmos 57—63
☐ 3	Job 21—24	☐ 18	Salmos 64—69
☐ 4	Job 25—30	☐ 19	Salmos 70—74
☐ 5	Job 31—34	☐ 20	Salmos 75—78
☐ 6	Job 35—38	☐ 21	Salmos 79—85
☐ 7	Job 39—42	☐ 22	Salmos 86—90
☐ 8	Salmos 1—8	☐ 23	Salmos 91—98
☐ 9	Salmos 9—17	☐ 24	Salmos 99—104
☐ 10	Salmos 18—21	☐ 25	Salmos 105—107
☐ 11	Salmos 22—28	☐ 26	Salmos 108—113
☐ 12	Salmos 29—34	☐ 27	Salmos 114—118
☐ 13	Salmos 35—39	☐ 28	Salmos 119
☐ 14	Salmos 40—44	☐ 29	Salmos 120—134
☐ 15	Salmos 45—50	☐ 30	Salmos 135—142

JULIO

Día	Lectura	Día	Lectura
☐ 1	Salmos 143—150	☐ 17	Isaías 5—8
☐ 2	Proverbios 1—3	☐ 18	Isaías 9—12
☐ 3	Proverbios 4—7	☐ 19	Isaías 13—15
☐ 4	Proverbios 8—11	☐ 20	Isaías 16—20
☐ 5	Proverbios 12—15	☐ 21	Isaías 21—24
☐ 6	Proverbios 16—18	☐ 22	Isaías 25—28
☐ 7	Proverbios 19—21	☐ 23	Isaías 29—32
☐ 8	Proverbios 22—24	☐ 24	Isaías 33—36
☐ 9	Proverbios 25—28	☐ 25	Isaías 37—40
☐ 10	Proverbios 29—31	☐ 26	Isaías 41—43
☐ 11	Eclesiastés 1—4	☐ 27	Isaías 44—46
☐ 12	Eclesiastés 5—8	☐ 28	Isaías 47—49
☐ 13	Eclesiastés 9—12	☐ 29	Isaías 50—52
☐ 14	Cantares 1—4	☐ 30	Isaías 53—56
☐ 15	Cantares 5—8	☐ 31	Isaías 57—60
☐ 16	Isaías 1—4		

Plan para leer la Biblia en un año

AGOSTO

Día	Lectura	Día	Lectura
1	Isaías 61—63	17	Jeremías 45—48
2	Isaías 64—66	18	Jeremías 49—50
3	Jeremías 1—3	19	Jeremías 51—52
4	Jeremías 4—6	20	Lamentaciones 1—2
5	Jeremías 7—9	21	Lamentaciones 3—5
6	Jeremías 10—12	22	Ezequiel 1—4
7	Jeremías 13—15	23	Ezequiel 5—8
8	Jeremías 16—19	24	Ezequiel 9—12
9	Jeremías 20—22	25	Ezequiel 13—15
10	Jeremías 23—25	26	Ezequiel 16—17
11	Jeremías 26—29	27	Ezequiel 18—20
12	Jeremías 30—31	28	Ezequiel 21—23
13	Jeremías 32—34	29	Ezequiel 24—26
14	Jeremías 35—37	30	Ezequiel 27—29
15	Jeremías 38—40	31	Ezequiel 30—31
16	Jeremías 41—44		

SEPTIEMBRE

Día	Lectura	Día	Lectura
1	Ezequiel 32—33	16	Amos 1—4
2	Ezequiel 34—36	17	Amos 5—9
3	Ezequiel 37—39	18	Abdías y Jonás
4	Ezequiel 40—42	19	Miqueas 1—4
5	Ezequiel 43—45	20	Miqueas 5—7
6	Ezequiel 46—48	21	Nahúm
7	Daniel 1—2	22	Habacuc
8	Daniel 3—4	23	Sofonías
9	Daniel 5—6	24	Hageo
10	Daniel 7—9	25	Zacarías 1—4
11	Daniel 10—12	26	Zacarías 5—9
12	Oseas 1—4	27	Zacarías 10—14
13	Oseas 5—9	28	Malaquías
14	Oseas 10—14	29	Mateo 1—4
15	Joel	30	Mateo 5—7

OCTUBRE

Día	Lectura	Día	Lectura
1	Mateo 8—9	17	Marcos 14
2	Mateo 10—11	18	Marcos 15—16
3	Mateo 12—13	19	Lucas 1—2
4	Mateo 14—16	20	Lucas 3—4
5	Mateo 17—18	21	Lucas 5—6
6	Mateo 19—20	22	Lucas 7—8
7	Mateo 21—22	23	Lucas 9—10
8	Mateo 23—24	24	Lucas 11—12
9	Mateo 25—26	25	Lucas 13—14
10	Mateo 27—28	26	Lucas 15—16
11	Marcos 1—3	27	Lucas 17—18
12	Marcos 4—5	28	Lucas 19—20
13	Marcos 6—7	29	Lucas 21—22
14	Marcos 8—9	30	Lucas 23—24
15	Marcos 10—11	31	Juan 1—3
16	Marcos 12—13		

NOVIEMBRE

Día	Lectura	Día	Lectura
1	Juan 4—5	16	Hechos 16—17
2	Juan 6—7	17	Hechos 18—19
3	Juan 8—9	18	Hechos 20—21
4	Juan 10—11	19	Hechos 22—23
5	Juan 12—13	20	Hechos 24—26
6	Juan 14—16	21	Hechos 27—28
7	Juan 17—19	22	Romanos 1—3
8	Juan 20—21	23	Romanos 4—6
9	Hechos 1—3	24	Romanos 7—9
10	Hechos 4—5	25	Romanos 10—12
11	Hechos 6—7	26	Romanos 13—14
12	Hechos 8—9	27	Romanos 15—16
13	Hechos 10—11	28	1 Corintios 1—4
14	Hechos 12—13	29	1 Corintios 5—7
15	Hechos 14—15	30	1 Corintios 8—10

DICIEMBRE

Día	Lectura	Día	Lectura
☐ 1	1 Corintios 11—13	☐ 17	Hebreos 1—4
☐ 2	1 Corintios 14—16	☐ 18	Hebreos 5—8
☐ 3	2 Corintios 1—4	☐ 19	Hebreos 9—10
☐ 4	2 Corintios 5—9	☐ 20	Hebreos 11—13
☐ 5	2 Corintios 10—13	☐ 21	Santiago
☐ 6	Gálatas 1—3	☐ 22	1 Pedro
☐ 7	Gálatas 4—6	☐ 23	2 Pedro
☐ 8	Efesios 1—3	☐ 24	1 Juan
☐ 9	Efesios 4—6	☐ 25	2 y 3 Juan, Judas
☐ 10	Filipenses	☐ 26	Apocalipsis 1—3
☐ 11	Colosenses	☐ 27	Apocalipsis 4—8
☐ 12	1 Tesalonicenses	☐ 28	Apocalipsis 9—12
☐ 13	2 Tesalonicenses	☐ 29	Apocalipsis 13—16
☐ 14	1 Timoteo	☐ 30	Apocalipsis 17—19
☐ 15	2 Timoteo	☐ 31	Apocalipsis 20—22
☐ 16	Tito y Filemón		

Calendario para tus momentos de quietud

ENE	FEB	MAR	ABR	MAY	JUN
1	1	1	1	1	1
2	2	2	2	2	2
3	3	3	3	3	3
4	4	4	4	4	4
5	5	5	5	5	5
6	6	6	6	6	6
7	7	7	7	7	7
8	8	8	8	8	8
9	9	9	9	9	9
10	10	10	10	10	10
11	11	11	11	11	11
12	12	12	12	12	12
13	13	13	13	13	13
14	14	14	14	14	14
15	15	15	15	15	15
16	16	16	16	16	16
17	17	17	17	17	17
18	18	18	18	18	18
19	19	19	19	19	19
20	20	20	20	20	20
21	21	21	21	21	21
22	22	22	22	22	22
23	23	23	23	23	23
24	24	24	24	24	24
25	25	25	25	25	25
26	26	26	26	26	26
27	27	27	27	27	27
28	28	28	28	28	28
		29	29	29	29
		30	30	30	30
		31		31	

Fecha de comienzo _____

JUL	AGO	SEP	OCT	NOV	DIC
1	1	1	1	1	1
2	2	2	2	2	2
3	3	3	3	3	3
4	4	4	4	4	4
5	5	5	5	5	5
6	6	6	6	6	6
7	7	7	7	7	7
8	8	8	8	8	8
9	9	9	9	9	9
10	10	10	10	10	10
11	11	11	11	11	11
12	12	12	12	12	12
13	13	13	13	13	13
14	14	14	14	14	14
15	15	15	15	15	15
16	16	16	16	16	16
17	17	17	17	17	17
18	18	18	18	18	18
19	19	19	19	19	19
20	20	20	20	20	20
21	21	21	21	21	21
22	22	22	22	22	22
23	23	23	23	23	23
24	24	24	24	24	24
25	25	25	25	25	25
26	26	26	26	26	26
27	27	27	27	27	27
28	28	28	28	28	28
29	29	29	29	29	29
30	30	30	30	30	30
31	31		31		31

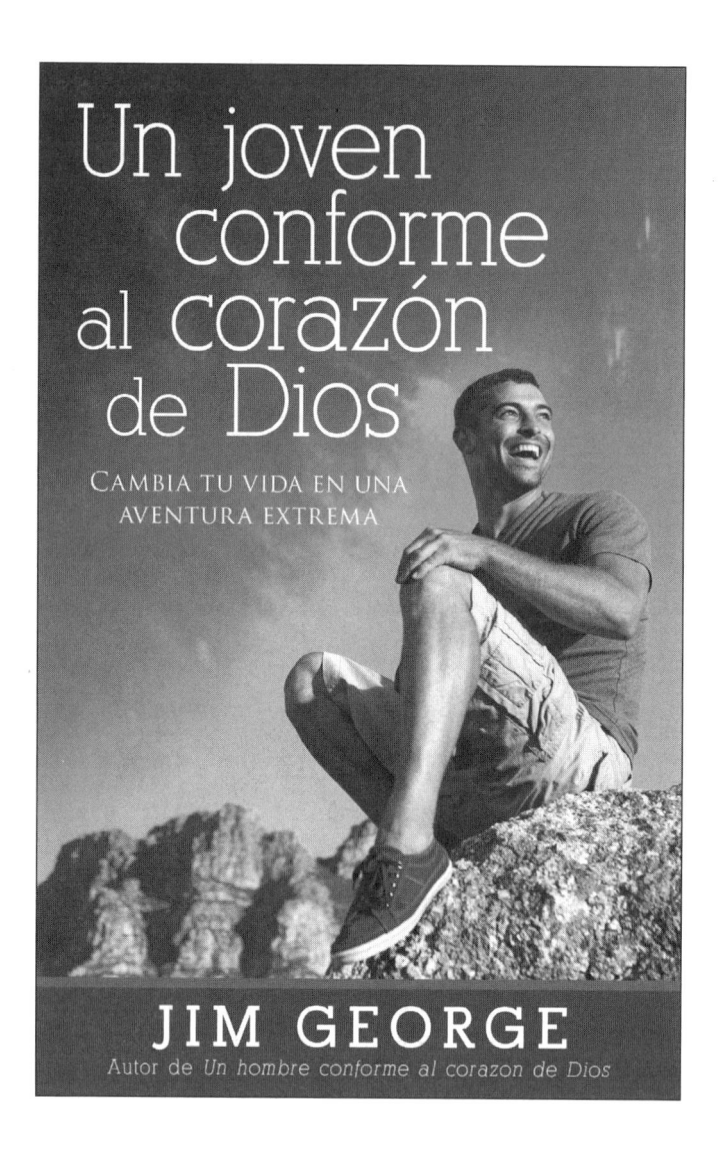

Jim George, autor del conocido libro: *Un hombre conforme al corazón de Dios*, lleva a los jóvenes en un viaje radical de la fe. Ayuda a los jóvenes a convertirse en hombres que honran a Dios en todo lo que hacen. Una herramienta para la escuela dominical, grupos de estudio bíblico de jóvenes o para todo joven lector interesado en crecer en su vida espiritual.

Guía de un joven para las buenas decisiones

TU VIDA A LA MANERA DE DIOS

JIM GEORGE

Autor de UN JOVEN CONFORME AL CORAZÓN DE DIOS

Guiar a un muchacho joven a tomar buenas decisiones le ayudará a pensar cuidadosamente acerca de sus decisiones, lo cual le asegurará una vida más plena y exitosa. En este libro, Jim George se centra en todos los momentos culminantes en la vida de un joven: las cosas que más importan. Los jóvenes podrán disfrutar de una mezcla equilibrada de conocimiento bíblico, anécdotas personales y sinceridad total. Y llegarán a adquirir las habilidades que necesitan para tomar buenas decisiones en respuesta a todos los retos que les salgan al paso.

EDITORIAL PORTAVOZ

NUESTRA VISIÓN

Maximizar el efecto de recursos cristianos de calidad que transforman vidas.

NUESTRA MISIÓN

Desarrollar y distribuir productos de calidad —con integridad y excelencia—, desde una perspectiva bíblica y confiable, que animen a las personas a conocer y servir a Jesucristo.

NUESTROS VALORES

Nuestros valores se encuentran fundamentados en la Biblia, fuente de toda verdad para hoy y para siempre. Nosotros ponemos en práctica estas verdades bíblicas como fundamento para las decisiones, normas y productos de nuestra compañía.

Valoramos la excelencia y la calidad
Valoramos la integridad y la confianza
Valoramos el mérito y la dignidad de los individuos y las relaciones
Valoramos el servicio
Valoramos la administración de los recursos

Para más información acerca de nuestra editorial y los productos que publicamos visite nuestra página en la red: www.portavoz.com